미래교육
협동 수업이
답이다

배움의 출발 디지털 리터러시
미래 교육 협동 수업이 답이다

©이수진

초판 1쇄 인쇄 | 2022년 2월 16일
초판 1쇄 발행 | 2022년 2월 24일

지은이 | 이수진, 보스탄 하야트
펴낸이 | 이진호
편집 | 강혜미, 권지연
디자인 | 트리니티

펴낸곳 | 비비투(VIVI2)
주소 | 서울시 충무로 3가 59-9 예림빌딩 402호
전화 | 대표 (02)517-2045
팩스 | (02)517-5125(주문)

이메일 | atfeel@hanmail.net
홈페이지 | https://blog.naver.com/feelwithcom
페이스북 | https://www.facebook.com/publisherjoy

출판등록 | 2006년 7월 8일

ISBN 979-11-89303-66-2(03370)

배움의 출발

디지털 리터러시

미래 교육
협동 수업이
답이다

이수진+보스탄 하야트 지음

Interactive!
Online Collaboration

VIVI2

미래 교육의 올바른 방향, 협동 수업!

 무인 자동차가 돌아다니고 실물 화폐 없이 원하는 것을 사고 어디든 이동할 수 있는 세상입니다. 열 살도 안 된 아이가 교과서만 한 드론을 수십 미터 상공으로 띄우는데 어째서 교육과 학습에는 별다른 변화가 없을까요?

 전 인류에게 비극적인 팬데믹이지만 전형적인 교육 방식을 고수했던 교육계에는 혁신의 기회가 되었습니다. 교실에 모이지 못하는 학생들에게 수업을 제공해야 하는 현실이 온오프라인 혼합 교육을 일 년 만에 진척하도록 했습니다. 물론 이러한 지각 변동에 대해 교사들도, 우리 아이들도, 학부모들도 적용하기 어려웠고, 학습 성취도는 크게 양분되는 문제가 드러나기도 했습니다. 크게 한 걸음을 내딛은 교육과 그 속에 있는 우리들은 이제 무엇을 어떻게 해야 할까요?

 미래 교육의 올바른 방향을 '상호 작용'을 기반으로 한 '협동 수업'

이라 말하는 이 책은 교사, 학생, 부모 모두에게 현명한 가이드를 제공합니다. 학생과 교사가 끝없이 수업에 개입하게 만드는 상호 작용 도구부터 학생 스스로 주인이 되는 협업 활동과 셀프 모니터링 등 온라인 교수 학습의 정수를 소개하고 있습니다. 교육과 관련된 모든 사람에게는 배움의 기쁨을 보전할 책임이 있습니다. 그 여정을 이 책과 함께한다면 그 책임 또한 행복으로 다가올 거라 확신합니다.

권귀헌 | 작가, 글로키움 대표

이제 온라인 비대면 교육은 선택이 아닌 필수가 되어 버렸습니다. 부모도 교사도 경험해 본 적이 없기에 현명하게 대처하지 못했던 순간이 너무도 많은 시기입니다.

이 시점에 미래 교육 전문가 이수진 교수의 출간 소식은 단비처럼 반갑기만 합니다. 저자는 16년 이상 대학에서 학생들을 지도하며 연구한 온라인 교수법을 초·중·고등학교 및 대학교 교수자가 현장에서 바로 적용할 수 있도록 매우 구체적이고 쉽게 안내하고 있습니다.

앞으로 온라인 교육은 더욱더 강화될 것이며 가르치는 사람이라면 비대면 교육 활동 안에서 능동적인 상호 작용 방법을 끊임없이 연구해야 할 것입니다. 온라인 교수법은 교육의 또 다른 전문 영역이며 지금은 모든 교수자가 초심자의 마음으로 배우고 노력해야 합니다.

온라인 시대를 현명하게 이겨 내는 현실적인 대안을 얻길 원하는 모든 학부모와 교사들에게 이 책을 강력히 추천합니다.

언택트(untact)시대가 도래하였습니다. 거리두기, 멈춤이란 단어가 익숙해질 무렵 또 다른 단어가 탄생했습니다. 바로 온택트(ontact)입니다. 온(on)이란 단어의 뜻은 따뜻함(溫)입니다. 그 시기에 줌(zoom)에서 저자를 만났습니다.

모니터를 뚫고 나오는 저자의 온화함을 이 책에서 그대로 느낄 수 있었습니다. 교수자와 학생 모두 흡족해 할 수 있는 온라인 교수법이 필요하던 차에 꼭 필요한 정보를 정갈하게 한 권의 책에 담아 주셨습니다. 온라인 수업이라는 숲에서 길을 잃지 않도록 나침반 역할을 해 주는 이 책이 많은 분에게 희망의 빛이 되길 바랍니다.

배움의 공동체, 거꾸로 교실, 프로젝트 기반 학습, 체인지메이커 교육 등 다양한 수업을 시도하고 전파하면서 학생들에게 '살아가는 힘'을 길러 주기 위한 교육이 필요함을 강조해 왔습니다. 살아가는 힘이란 무엇일까요? 4차 산업 혁명, 감염병 확산, 환경 위기 등 급속도를 바뀌는 미래 사회에 적응할 수 있는 힘일 것입니다.

COVID-19시대를 거치면서 수업에 많은 변화가 있었습니다. 설령 학교 수업이 정상화된다 하더라도 온라인 수업은 피할 수 없는 현실입니다. 교사로서 목표는 온라인 플랫폼에서 미래 사회가 요구하는 인재를 양성하는 것이라 할 수 있습니다. 대면 수업에서 그랬듯이 온라인 수업 역시 문제해결력, 창의적 사고력, 책임감, 공감, 성찰 등 학생들이 진짜 세상(real world)에서 살아갈 힘을 키워 줄 수 있는 다양한 활동이 이루어져야 하며, 이를 위해 교사가 먼저 변화된 교육 환경에 적응하며 온라인 툴을 수업에 적용할 수 있어야 합니다.

그렇다면 어떤 수업을 디자인해야 할까요? 저자는 교사라면 누구나 해 봤을 이 고민에 대한 해결책을 분명하게 제시합니다. 교실에서 손쉽게 실천할 수 있는 다양한 온라인 협동 수업 예시를 보여주고 이론에서부터 학습법에 이르기까지 자세한 설명이 큰 도움이 됩니다. 온라인 수업을 준비하는 교사들에게 좋은 가이드가 되리라 믿습니다.

최선경 | 대구 서동중학교 영어 교사

차
례

Interactive
Online Collaboration

추천사 4
프롤로그 10

PART 1　**온라인 협동 수업 기초는 상호 작용**
01 가르침을 다시 정의하다 15
02 온라인 수업 성공의 열쇠를 찾아라 39
〈Teaching Tip 1〉 효과적인 수업 비계 설정 방법

PART 2　**소통 창구, 효과적인 디지털 리터러시**
01 온라인 수업 팔방미인 니어팟 65
02 학생 참여율 높이는 멘티미터 74
03 포스트잇 게시판 패들렛 활용하기 81
04 자유로운 화상 앱, 플립그리드 93
05 학생 중심 형성평가, 카훗 & 퀴즐렛 102
06 이메일과 메신저 애플리케이션 110
07 상호 작용 촉진하는 줌 대화창 118
〈Teaching Tip 2〉 학생 참여를 독려하는 교사의 말, 말

PART 3 **학생들이 주도하는 온라인 협업 활동**

01 잼보드로 그룹 활동 구성하기 **132**

02 온라인 역할극, 언어 훈련에 효과적 **139**

03 구글 문서로 구현하는 협업 활동 5가지 **146**

04 구글 슬라이드로 발표 자료 만들기 **150**

05 온라인 토론과 디베이트 참여하기 **156**

〈**Teaching Tip 3**〉 프로젝트 기반 학습

PART 4 **셀프 모니터링 능력, 왜 필요한가?**

01 인지 능력과 공부 전략은 비례한다 **166**

02 학생 셀프 모니터링은 어떻게 하나? **174**

03 교사 수업 진단은 수업 촬영이 기본이다 **185**

04 감사일기 쓰는 교사라면 **192**

〈**Teaching Tip 4**〉 발견적 교수법

PART 5 **온라인 협동 수업 실천 사례**

[사례 1 영어] 영시로 감사 표현하기 **201**

[사례 2 국어] 온·오프라인을 결합한 논설문 프로젝트 **215**

[사례 3 사회] 동영상 만들기 & 난민 협업 프로젝트 **223**

[사례 4 국어] 줌 소회의실에서 또래 독서 훈련 **231**

[사례 5 영어] 구글 슬라이드와 러닝로그를 활용하다 **237**

[사례 6 영어] 잼보드를 활용한 세계시민교육 **247**

〈**Teaching Tip 5**〉 온라인 학급 관리

References **261**

잘 배우고 잘 가르치려면

태어나면서부터 스마트폰을 접하고 자란 밀레니얼 세대와 Z 세대에게 온라인 플랫폼은 놀이의 장인 동시에 유익한 교육과 학습의 장으로 자리 잡은 지 오래입니다. 하지만 학교에서는 전통적인 교육 방식이 늘 우선적인 자리를 차지하고 있었지요. 그런 가운데 팬데믹이라는 변수로 인해 비대면 온라인 수업 방식이 채택되었습니다.

그러나 준비 되지 않은 상태에서 주요 수업 방식이 되다 보니 시행착오가 발생했지요. 교사는 물론 학습자의 고충이 이만저만 아니라는 것을 발견하고 놀라움을 금치 못했습니다. 전면 온라인 원격 수업으로 전환되고 6개월쯤 지났을 때였을 것입니다. 꽤 많은 학생이 온라인 수업의 어려움을 호소하기 시작했어요.

급기야 몸이 아파 온라인 수업 참여가 어렵다는 이메일을 일주일에 두세 번 정도 받기에 이르렀습니다. 극심한 스트레스로 인한 불면증, 두통, 급성 피부 발진 등의 증상이 나타났던 것입니다. 하나같이 수업에 열심히 참여하는 학생들이라 안타까웠습니다. 피부 발진으로 고생한 학생은 사진을 보니 마치 독한 벌레에 얼굴 전체가 물린 듯했습니다.

온라인 수업이 얼마나 힘들었으면 이 지경까지 되었나 싶어 특별한 조처가 절실했습니다. 그때부터 온라인으로나마 학생 면담을 진행하여 고충을 들어주고, 시험 횟수와 과제의 양을 줄이는 방법으로 온라인 수업에서 오는 스트레스를 덜어 주기 위해 공을 들였어요.

이런 힘듦은 비단 학생만의 것은 아니었습니다. 교육 일선에 있는 교사들도 불안하고 고통스러운 건 마찬가지였지요. 학생들은 도움이라도 요청할 수 있지만 교사들은 그마저도 여의치 않았습니다. 온라인 수업 초기에는 세팅 작업으로 힘들긴 했어도 그나마 임시 상황일 것이라는 작은 희망과 새로운 도전이라는 마음가짐으로 견딜 수 있었습니다.

하지만 온라인 수업이 거의 두 해를 지나는 동안 대면 수업과 비교해 몇 배로 늘어난 업무량에 교사들은 번아웃을 호소하기 시작했습니다. 수업 준비와 진행은 기본이고 가끔 학부모처럼 학생들을 위한 생활 지도를 해야 했고, 학교의 행정 업무 역시 늘어났습니다.

누구나 겪는 상황에서 열정을 가지고 온라인 수업을 진행했으나 저마다 에너지 고갈을 피할 수 없었습니다. 그렇다고 해서 교사는 가르치는 일을 중단할 수 없었고, 학생들의 공감과 인정으로 에너지가 다시 채워져 가르치는 일을 지속할 수 있었습니다.

그러나 겨우 명맥을 유지하는 수업은 더는 발전이 없음을 깨달았습니다. 온라인 수업이 주류로 자리 잡고 메타버스 교실에서 아바타로 소통하는 지금, 비대면 수업은 주요한 수업 방식으로 그 자리를 공고히 할 필요가 있습니다. 때문에 온라인에서 '잘 배우고 잘 가르치는 방법'에 대한 고민을 계속해 왔습니다.

교사가 진짜 힘이 빠지는 순간은 학생들이 수업 시간에 잠을 자거나 딴짓을 할 때이지요. 온라인 수업은 이러한 현상이 두드러집니다. 어떻게 하면 대면 수업 같이 학생의 참여율을 높이고 즐거운 배움을 누릴 수 있는 학습 효과를 기대할 수 있을까, 미래 사회의 핵심 역량을 키우는 수업은 무엇일까 등등을 고민한 끝에 상호 작용과 따뜻한 소통을 기반으로 하는 협동 수업이 적합한 교육 모델이라는 결론에 이르렀습니다.

이 책에 교육 현장에서 실질적으로 도움이 되는 다양한 온라인 협동 수업 전략을 담았습니다. 무엇보다 시시각각 재편되는 요즘 올바른 교육의 길을 구현해 내고, 그에 맞는 교수법을 구체적으로 모색해 온 교사들에게 가뭄에 단비 같은 책이 되기를 소망합니다.

2022년 1월

이수진, 보스탄 하야트

PART 1

Interactive
Online Collaboration

온라인 협동 수업 기초는

상호 작용

상생활의 갖가지 영역이 오프라인에서 온라인 중심으로 급속히 재편되었다. 팬데믹 이후 비대면으로의 전환이 불가피해지긴 했지만, 일정 시기만 잘 버티면 다시 예전처럼 되돌아갈 것이라고 여겼다. 그러나 이제 그럴 수 없다는 것을 전문가가 아니더라도 예측할 수 있을 것이다. 강력한 변이 바이러스 출현, 돌파 감염 등으로 COVID-19의 완전한 종식을 기대하기 어렵다.

이곳 카자흐스탄의 상황도 다르지 않다. 백신 접종률이 높아짐에 따라, 전면 온라인 수업에서 대면 교육과 온라인 수업을 적절히 병행하는 블렌디드 러닝으로 전환되었다. 백신을 접종하였다 해도 변이 바이러스로 인한 감염자는 지속적으로 나타나고 있는 탓이다.

비대면으로 이루어지는 온라인 수업은 이제 선택이 아니라 오늘의 수업 방식이다. 따라서 교사와 학생, 학부모는 이전의 교육 방식으로 회귀를 기대하기보다 온라인 체제의 비대면 수업 방식을 어떻게 하면 지혜롭게 받아들일 수 있을지 고민하고 디지털 리터러시를 높이는 방법을 모색해야 한다.

가르침을 다시 정의하다

온라인 수업을 어떻게 하면 더 효율적으로 운영할 것인지에 대한 논의가 활발하고, 또 많은 변화가 있었다. 하지만 어렵고 힘든 건 무슨 이유일까? 쏟아져 나오는 온라인 수업 관련 서적과 교육서들, 교사들의 고군분투에도 불구하고 핵심이 빠진 것 같은 불편함은 여전하다.

오늘도 실시간 온라인 수업을 하면서 학생과의 상호 작용을 활발하게 했고, 가능하면 빠른 피드백을 주고 나서 수업을 마쳤다. 그런데 추가 질문을 하겠다는 두 학생이 있었다. 너무 서둘러 수업을 마치려 했던 것일까? 조금 긴장되는 순간이었다.

학생들은 모두 수업 플랫폼을 떠나고, 질문한 두 학생만이 남아 있었다. 한 학생이 먼저 말문을 열었다. 중간고사 시험에 대한 질문이었다. 슬라이드에 띄워 이해하기 쉽고 여러 차례 설명했던 부분을 또 묻는 것이 아닌가. 게다가 상세 사항이 온라인 학습 플랫폼인 무들

(Moodle)의 공지 사항에 업로드까지 되어 있었다.

마음이 상하는 것을 무릅쓰고 재차 질문하는 학생을 보며 "이 질문을 또 한다고? 도대체 정신을 어디에 팔고 있니?"라는 말이 입안에서 맴돌았지만 꾹 참고 기계적인 답변을 이어 갔다. 수업 시간에 여러 번 설명했고, 무들에 공지된 사항이라며 애써 친절하게 또박또박 답변해 주었지만, 어느덧 내 마음의 귀찮음이 표정과 목소리에서 전달되었나 보다.

나의 언짢음을 알아차린 학생이 자초지종을 설명했다. 수업 중간에 인터넷이 불안정하여 접속이 끊기는 바람에 공지를 놓쳤다며 거듭 죄송하다고 고개를 숙였다. 아차, 미안한 마음이 들었다. 따뜻해야 할 학생과의 소통이 나의 지레짐작과 편견으로 감정적 대화에 머물렀다고 생각하자 후회가 밀려왔다. 아무리 온라인 수업 도구를 잘 다룬다 해도 '이것'이 없으면 팥소 없는 찐빵처럼 뭔가 허전한 수업이 되고 만다. 이것은 바로 '따뜻한 소통'일 것이다.

이 일이 있고 난 뒤 생각이 많아졌다. 메타버스라는 가상공간에서 아바타가 되어 배움을 이어 가기도 하는 요즘, 학생들이 진정으로 바라는 것은 교사의 따뜻한 말 한마디가 아닐까 하는 생각이 머릿속을 떠나지 않는다.

수업 내용 관련 질문도 마찬가지다. 학생들이 질문하려는 순간, 내 안에서 일어나는 것은 반가움이 아닌 귀찮음일 때가 많다. 오랫동안 교단에 있는 사람으로서 부끄러운 고백이 아닐 수 없다. 피하고 싶은 이 귀찮음과 마주할 때 괴롭고 힘들다.

미래 교육 협동 수업이 답이다

상호 작용의 중요성을 누구보다 잘 알고 있지만, 대면이든 비대면이든 질문 없는 조용한 교실이 나는 더 익숙하고 편하다. 수십 년간 조용한 교실에서 주입식 교육을 받으며 몸에 밴 습관이 어디 가겠는가. 머리로 배웠다고 하루아침에 바뀌리라 기대하는 건 나의 욕심이며 끊임없는 기억과 노력이 필요한 작업이다.

그럼에도 불구하고 조용한 교실을 상호 작용이 활발한 시끌벅적한 공간으로 전환해야 하는 과업은 이 시대의 교사가 감당해야 할 일임이 틀림없다. 따라서 조용한 교실을 선호하는 교사라도 불편함을 선택하는 데 머뭇거림이 없어야겠고, 그러기 위해 상호 작용에 대한 충분한 이해가 필요하다고 판단되어 이 책에서 깊이 있게 다루어 보고자 한다.

무슨 일을 하든 치우침이 없어야 한다고 했다. 배우고 가르치는 일도 마찬가지다. 따뜻한 감정 소통과 함께 지식의 전달도 중요하다. 학생들과 따뜻한 상호 작용으로 관계 형성이 되었다고 해도 교과목에 대한 배움이 없다면 이 또한 곤란한 일이다.

이 두 요소가 톱니바퀴처럼 잘 어우러져야 비로소 온전한 교육이 이루어진다. 특히, 비대면 수업 시행 이후로 학생들의 학력 저하와 격차에 대한 논의가 심각하게 이루어지고 있다. 물론 이에 대한 직접적인 책임은 교사와 학생, 학부모에게 있겠지만 비대면 수업에서 교사와 학생의 역할 못지않게 큰 비중을 차지하는 요소가 교육 플랫폼이다.

온라인 수업으로 활용할 수 있는 내용과 자료는 한정되어 있어서 좀 더 효과적인 소통을 위해 그 창구의 혁신이 필요한데, 이는 안정된 교육 플랫폼 개발로 극복할 수 있다.

연세대학교는 이러한 시대 흐름을 반영해 온라인 교육 플랫폼 〈LearnUs: 런어스〉를 오픈하였다. LearnUs는 'Learning Ubiquitous square'의 약자로 '어디에나 존재하는 학습 광장'이라는 의미이다. 4차 산업 혁명과 COVID-19 장기화에 발맞추어 교육 패러다임의 변화에 적극적으로 대응한 결과물이다.

그리고 원활한 온라인 수업 운영을 위해 자체 서버 기반 교수 학습 지원 시스템을 클라우드 기반 교육 플랫폼으로 업그레이드했다. 배우고자 하는 전 세계인에게 지식을 공유하자는 결정을 내렸고, 연세대가 검증한 수준 높은 교육 콘텐츠를 시간과 장소의 구애 없이 누구나 경험할 수 있게 되었다.

새로운 수업 전략과 소통이 구현되는 안정된 온라인 교육 플랫폼은 학생의 온라인 학습을 도울 뿐만이 아니라 사회적 트렌드까지 반영했다는 평가를 받는다. 또한 대면이나 비대면 수업 형태를 모두 지원할 수 있어 기대가 크다.

이러한 온라인 수업 플랫폼 개발의 경우 교사나 학생 개인이 손댈 수 없는 부분이라 학교나 교육 당국의 적극적인 개입이 필요하다. 앞으로 연세대학교의 LearnUs와 같은 온라인 학습 플랫폼이 지속적으로 생겨나길 기대해 본다.

미래 교육 협동 수업이 답이다

온라인 수업을 진행하면서 가장 힘들었던 점 중 하나가 바로 교육 플랫폼의 불안정함이었다. 과제 제출, 시험, 채점, 피드백, 토론, 채팅, 자료 업로드 등 대부분의 교수·학습 활동이 교육 플랫폼에서 이루어지는데, 가끔 서버가 다운되거나 기능에 문제가 생길 때면 학생도 교사도 불안할 수밖에 없다.

이번 학기만 해도 서버가 다운되어 교육 플랫폼 접근이 불가했던 일이 두세 차례 있었는데 그때마다 크게 당황했다. 수업의 많은 부분을 온라인 플랫폼에 의존하고 있어 계획한 활동을 대거 수정해야 했고, 과제 제출 기한이 임박한 학생은 제때 제출하지 못하면 어쩌나 안절부절못하였다. 그럴 때마다 우리에게 필요한 자세는 유연함이었다. 교수자인 나는 IT 담당자와 충분히 소통하여 사태를 파악한 후, 학생들과의 나누면서 적절한 방안을 모색해야 했다.

우리가 추구하는 협동 수업도 유연한 태도가 없으면 성취되기 어렵다. 대단히 이상적이지만, 협동 수업이 잘 이루어지려면 수업에 참여하는 학생 중 누구 하나라도 부당하거나 불편함을 느끼지 말아야 한다. 누구 한 사람이라도 어떤 불편함이 지속된다면 갈등 요소로 발전하기 쉽고, 결국 활발한 수업 시간을 기대하기 어렵다. 하지만 교실 역시 사회의 일부라고 보면 갈등은 필연적으로 따라온다.

그러므로 우리에게 주어지는 갈등과 불화의 조건을 다양성으로 해석하는 것이 필요하다. 교사와 학생, 학부모를 구성원이라고 한다면 서로 협동하고 경쟁하는 가운데 학습 효과를 끌어내야 한다. 따라서 협동한다는 것은 누구에게나 발전적인 행동 양식이 되며, 유연한 대응은 상호 작용의 전제조건이 된다.

그동안 한국 사회는 성장을 위해 이기는 싸움과 성과를 중시해 왔기 때문에 상호 작용에서 협동보다는 경쟁이 우리에게 익숙하다. 이것은 학교생활에까지 이어졌고, 극성스러울 만큼 발전된 사교육 현장에서는 즐거운 배움은 상상조차 어려웠다.

경쟁은 동일한 목표를 향해 어떻게든 먼저 도달하려고 해서 생기는 일이지 않은가. 누구든 이기려고만 했기에 스트레스가 가중된 사회로 굳어지고 말았다. 선의의 경쟁이었다면, 그 시간은 역량을 강화하는 시간으로 성장의 밑거름이 되었을 텐데 참으로 안타까운 일이다.

지금은 고등학교 3학년뿐 아니라 초등학교 6학년도 진로 학습이 필요할 만큼 학습 관점이 바뀌었다. 이처럼 진학과 진로를 결정하는 가운데 경쟁할 수밖에 없지만, 이제 결과에 집중하기보다 공정성과 정당성, 즉 과정을 중요시하게 되었다.

의무 교육이 시작되는 초등학교 1학년 때 본격적인 공부를 시작해 고3 때까지 공부의 의미를 제대로 알지 못한 채 공부를 마무리하는 경우가 허다했다. 이런 불행한 일을 막기 위해서라도 교사나 학부모는 배움의 의미를 찾아 주는 사람이어야 한다. 이를 위해 필요한 것이 바로 상호 작용이다.

학생을 가르치는 교사라면 누구나 성공적인 수업을 하고 싶고, 또 그것을 이루기 위해 부단히 노력한다. 그렇다면 성공적인 수업은 무엇일까? 이 물음에 대해 여러 가지 답이 있겠지만 무엇보다 학생의 관점에서 배움의 여부로 판단해야 한다. 학생의 내면에서 배웠다는 확신이 우러나온다면 좋은 수업일 것이다.

학생들은 오랜 시간 동안 대면이든 비대면이든 수업에 참여한다. 중·고등학생의 경우 하루 평균 6시간 이상 정규 수업에 할애하는데 배운 내용을 완벽하게 자신의 지식으로 소화하는 학생은 많지 않다. 배움은 지극히 개인적인 내면화 과정이기 때문에 교사가 배움의 정도를 정확히 파악하기도 어렵다. 설계 도면을 그리고 이를 토대로 공사가 마무리되면 근사한 집을 볼 수 있는 구체적이고 가시적인 작업과는 차원이 다르다.

그럼에도 불구하고 교사는 학생의 학업 상태를 파악해야 그에 맞추어 수업을 계획하고 진행할 수 있다. 이를 위해 주로 활용되는 것이 시험이다. 교실에서 간단하게 치러지는 쪽지 시험부터 대학 입학을 판가름하는 수능에 이르기까지 수많은 시험이 존재한다. 나이가 많든 적든, 학생이든 교사이든 상관없이 시험을 좋아하는 사람이 누가 있을까.

중·고등학교 시절, 시험 스트레스로 신경성 위염이나 두통에 시달리기도 하고, 괴로운 현실에서 도피하고 싶은 간절함 때문에 미디어나 게임 중독, 또는 연예인에 열광하는 경우도 허다하다. 대학 수학능력시험이 얼마나 힘든 경험이었으면 대학을 졸업하고 직장인이 되어서도 수능을 보는 악몽을 꾼다고도 한다.

우스갯소리지만 학창 시절이 좋았다는 사람은 분명 공부보다 놀기에 바빴을 것이고, 수능 준비에 열을 올렸다면 학창 시절만 떠올리면 고개를 절레절레 흔들 것이다. 하지만 시험 결과는 학업 수준을 진단하고 수업 효과를 판단하는 데 유용하게 활용된다는 사실을 부인할 수 없다.

그렇다고 수업마다 시험을 치르고 채점하는 일을 반복할 수 없는 노릇이다. 준비하는 교사도 힘들지만, 시험에 대한 압박감과 스트레스로 학생들의 불만도 커질 것이 분명하다. 더 걱정스러운 부분은 이렇게 불안한 감정 상태로 배움, 가르침 어느 한쪽도 잘되기 어렵다.

시험 이외에 학생들의 배움 정도를 파악할 수 있는 평가 방식의 전환 혹은 대안으로는 상호 작용 기반의 협동 수업이 적합하다. 개인만 잘하면 되는 과거의 경쟁 학습 모델은 시대가 요구하는 미래 인재의 역량을 충족시킬 수 없다.

이러한 시대 상황을 고려해 볼 때 온라인상에서 실행 가능한 협동 수업으로의 전환, 그에 따른 평가 방식의 변화가 중요한 것이다. 협동 수업은 소통, 즉 상호 작용을 기반으로 한다. 따라서 상호 작용은 배움에 있어 핵심 요소이다. 그뿐만 아니라 상호 작용은 동기 부여와도 밀접한 관련이 있다.

독일 시인이자 철학자 니체는 '왜 살아야 하는지 그 이유를 아는 사람은 어떤 것도 견딜 수 있다'고 했다. 니체의 말은 인간에게 '의미 부여'가 얼마나 중요한 것인지 일깨워 준다. 일상을 가만히 들여다보면, 무언가를 할 때 동기가 확실해야만 움직이는 자신을 발견할 때가

미래 교육 협동 수업이 답이다

있다. 이것은 정말이지 명백하다.

새로운 것을 창조하고, 소통 능력이 탁월하며, 자기 주도적인 학습 능력을 지닌 학생이 미래 인재임은 자명한 사실이다. 암기를 기반으로 하는 과거 교실의 지식 습득 방식은 이제 중요하지 않다. 공부에 대한 목표를 가지고 주도적으로 학습에 임하는 태도가 필요하다.

특히 온라인 수업에서는 교사와 학생이 직접 대면하지 않기 때문에 일방적으로 공부를 강요할 수 없다. 카메라와 마이크를 끄는 것도 학생 선택에 달려 있기 때문이다. 결국 학생이 명확한 학습 동기를 가지고 주도적으로 학습하도록 역량을 강화해야 한다. 이것이 제대로 이루어지지 않으면 학력 저하는 불가피해진다. 이전 학습 모델에서 학습의 주체자가 교사였다면, 이제는 학생이 배움의 주체자가 되어야 한다.

질문하고 기다리기

학교에서 학생들을 가르치는 교수인 나는 이제 겨우 네 살, 여섯 살, 여덟 살 된 삼 형제의 엄마이기도 하다. 학생들을 가르치고 아이들을 키우며 가장 도전되는 부분은 '경청과 기다리기'였다.

십 년이 넘는 시간 동안 더 나은 교수법과 육아 방식을 찾아 헤맸다. 가르치는 일도 아이를 키우는 일도 처음이고 서툴러 그 답을 찾아야 했고 알아야 했다. 수많은 강의를 듣고 책도 읽으며 내 삶의 현장에 적용해 본 결과 핵심이 빠져 있어 늘 공허만 느낌이었다. 그러던 어느 날 막내와 이야기를 나누다 나의 치명적인 약점이 경청과 기다리기라는 사실을 비로소 알게 되었다.

네 살배기 아들은 한창 말을 배우는 중이라 혼잣말과 질문이 상상을 초월할 수준이다. 인형들을 앉혀 두고 역할극을 하기도 하고, 놀이 중 알아듣지 못할 언어로 중얼거리기도 한다. 혼잣말에 더해 질문도 많다. 우리가 사는 나라의 이름이 왜 카자흐스탄이냐는 답하기 어려운 질문부터 엄마는 왜 일을 해야 하는지에 대한 나름대로 깊이 있는 질문까지 날마다 쏟아 낸다.

막내의 언어와 인지 발달 상태를 나름 파악하고 있다고 자부하고 있던 어느 날, 여느 날과 비슷한 아침 루틴이 진행되고 있었다. 마음을 평안하게 가지려고 애를 쓰지만 늘 잘 안 되는 시간이 아침이다. 출근 및 아이들의 등원, 등교가 맞물리며 분주해지는 마음과 행동은 참 고치기 어렵다. 그런 상황에서 막내의 질문 공세가 시작되었다.

시간이 촉박하지도 않았는데 질문을 듣자 귀찮음과 짜증이 울컥 치밀어 올라왔다. 마치 흙탕물을 휘저어 가라앉아 있던 흙이 그나마 맑았던 물을 엉망으로 만드는 느낌이었다. 나의 마음은 이미 다른 곳을 향했고 대답은 "어, 그래."라는 성의 없는 답변으로 일관했다.

급기야 아이의 짜증이 폭발하고야 말았다. 겨우 아이를 달래고 정신을 차려 보니 꼭 바쁜 아침이라 그런 건 아닌 듯했다. 나는 답 없는 질문을 끝까지 들어주는 것이 힘들었다. 머리로는 알았지만, 그 순간 내가 경청과 기다리기를 귀찮아하지 않았나 하는 생각이 퍼뜩 뇌리를 스쳤다. 그것이 나의 실제 모습이었다.

미래 교육 협동 수업이 답이다

비슷한 경험으로 이번에는 큰아이가 엄마는 왜 만날 "어, 그래."라고 대충 대답하느냐며 불편한 심기를 드러냈던 적도 있었다. 어린아이들도 엄마가 자신들의 목소리에 귀 기울이고 있는지, 아니면 정신이 다른 일에 팔렸는지 다 알고 있다.

나에게 진정 필요했던 것은 대단한 육아 서적이나 교육 이론이 아닌, 아이들을 온전한 인격체로 대하는 마음과 경청과 소통이었던 것이다. 경청하고, 기다리고, 또 상호 작용을 끌어내는 일련의 과정은 실제 교육 현장에서도 가장 중요하다고 손꼽히는 부분이다.

교육 이론을 빌어 상호 작용을 설명하자면, 크게 혼잣말로 하는 개인적 상호 작용과 다른 사람이 개입되는 사회적 상호 작용으로 나뉜다. 비고츠키(Lev Vygotsky)[1]는 인지발달에 있어 상호 작용과 상호 작용의 수단인 언어의 중요성에 관해 연구했고, 그 관계를 정립하였다.

그는 언어의 사용이 인지발달에 직접적이고 큰 영향을 준다고 보았다. 인간 정신은 사회에서 공유되고 축적된 언어를 많이 사용할수록 발달하는 것인데, 어린아이의 성장 과정을 보면 훨씬 이해가 쉽다. 아이가 어른과 대화를 하는 가운데 어른이 사용하는 언어를 모방하면서 점차 독자적인 자신의 사고를 만들어 가는데, 이러한 일련의 과정

---

1) 구소련의 교육심리학자로 벨라루스 보르샤(Belarus Borsa) 출신이지만 모스크바대학교에서 공부했다. 법학, 철학, 심리학, 언어학 등 광대한 영역의 지식을 습득하고, 1925년 예술심리학(The Psychology of Art)으로 박사학위를 취득한 바 있다. 근접발달영역(ZPD : Zone of Promimal Development) 이론을 소개하였으며, 고등정신능력 향상에 있어 사회적 상호 작용이 중요하다는 것을 역설했다. 10년 정도의 짧은 기간에 인지발달론을 중심으로 많은 연구 업적을 남기고 37세의 젊은 나이에 결핵으로 사망하였다.

이 '발달'로 간주된다.

　이에 대해 부연하면, 아이와 어른이 사용하는 언어 수준 사이에는 분명한 간격이 있는데 이것이 바로 그 유명한 근접발달영역(ZPD: Zone of Proximal Development)이다. 비고츠키의 이 이론은 언어발달 뿐만이 아니라 학습에도 적용된다. 이 같은 간격이 존재하는 영역에 교사와 부모 또는 다른 누군가가 개입하여 상호 작용이 이루어지면 배움이 일어난다고 본다. [2]

　석사 과정 시절, 비고츠키의 상호 작용 이론을 수업에 그대로 적용했던 아게이브(Dr. Vladimir Ageyev) 교수님의 과목을 수강한 적이 있다. 모스크바대학에서 심리학을 전공하셨고, 비고츠키 상호 작용 학습 이론의 대가였다. 해당 수업은 비고츠키 이론을 외국어 학습에 어떻게 적용하는가에 대한 것이었다. 시험이 없었고, 매주 주어진 분량의 텍스트를 바탕으로 토론하는 것이 전부였다.

　심지어 교수님도 토론자의 한 사람으로 참여하셨고, 보통의 수업에서 이루어지는 강의는 찾아볼 수 없었다. 처음에는 수업 방법 자체가 몹시 어색했고, 대화만 해서 무엇을 배울 수 있을지에 대한 의구심이 들었다. 수업이라기보다 카페에서 나누는 약간 수준 높은 대화 정도라고 생각했던 듯하다.

　그렇게 6주 정도가 지나고 아게이브 교수님의 과목을 추천한 선배가 그 수업이 어떠냐고 물어 왔다. 교수님은 좋지만 수업에 뭔가 빠진

2) L. S. 비고츠키, 정회욱 역, 마인드 인 소사이어티(학이시습, 2009) 참조

듯 허전하다고 답했더니 "그 수업 자체가 비고츠키야. 교수님의 말에 귀 기울이고, 정답은 없으니 너의 생각을 잘 표현하도록 노력해 봐."라는 답변을 주었다. '정답은 없으니'라는 말이 머릿속에 맴돌았고, 왠지 모를 자신감이 솟아났다.

그 이후부터 수업 시간에 이루어지는 대화에 집중했다. 그 수업에는 정말 정해진 답이 없었다. 교수님의 경청과 다른 의견에 대한 수용 정도는 존경을 넘어서는 수준이었다. 6주 동안 그저 흘려들었던 수업이 다시 보이기 시작했다. 교수님의 모습이 비고츠키의 상호 작용 이론을 그대로 보여주고 있어 소름 돋았던 순간이 기억난다.

그리고 친구들과의 활발한 상호 작용 가운데, 교과 내용은 물론 많이 성장하고 있음을 우리가 공통적으로 느꼈다. 듣는 가운데 새로운 관점을 경험했고, 내 의견을 나누면서 생각을 정리하고 깨달음을 얻었다. 이 수업에서 상호 작용을 통해 배우는 귀한 체험을 한 셈이다. 학생으로서 또 지금은 가르치는 일을 업으로 하는 사람으로서 본인의 교육 철학과 소신을 온몸으로 실천하는 아게이브 교수님의 모습이 대단히 존경스러웠다.

비고츠키가 주장하는 내면의 대화나 타인과의 상호 작용은 학습뿐 아니라 삶의 다양한 영역에 적용될 수 있다. 나의 운동 경험을 예로 들어 보자. 최근에 체력이 급격히 떨어지면서 건강과 운동에 관심을 두게 되었다. 예전 같으면 별로 힘들이지 않고 다녀올 수 있었던 거리도 어느 순간부터 조금만 걸어도 숨차고 다리가 후들거리는 빈도가 잦아졌다. 그뿐이 아니다. 감기에 걸려도 하루 이틀이면 툴툴 털고 일어났는데 이제 일주일도 더 걸리곤 한다. 이대로 안 되겠다는 위기 의식을 느꼈고 건강한 몸을 만들어야겠구나 하는 의지가 생겼다.

먼저 규칙적인 운동을 하기로 마음먹었다. 그만두고 싶을 때마다 운동이라는 행위가 건강 유지에 얼마나 긍정적인 영향을 미치는지 끊임없이 생각하며 스스로 동기 부여를 했다. 본래 운동을 좋아하는 사람이 아니었으니 얼마나 하기 싫은 날이 많았는지. 그럼에도 불구하고 운동을 유지할 수 있었던 것은 운동하는 이유와 의미가 뚜렷했기 때문이다.

인간은 생각보다 의지가 약하다. 강한 결단으로 시작한 일도 몇 번의 귀찮음과 게으름을 만나면 곧 무너지곤 한다. 한번 결단한 일을 성공적으로 마무리하기 위해서는 지속적인 의미 부여가 필수적이다. 그렇게 운동을 하며 자신의 한계를 조금씩 극복하다 보면 어느새 운동이 습관이 되고 건강한 몸을 발견하게 될 것이며, 운동의 즐거움까지 깨닫는 순간이 오는 것이다. 이러한 일련의 과정은 자기 자신과 끊임없는 대화를 통해 완성되며, 이 대화를 통해 운동의 진정한 의미와 이유를 찾아 간다.

공부도 마찬가지이다. 공부하는 이유와 의미는 학습자에게 무척 중요하다. 왜 하는지 알게 되면 수업에 자발적으로 참여하게 되는 강력한 동기가 생긴다. 하지만 이 부분에 대해 충분히 고민하고 그 의미를 아는 학생은 많지 않다. 그렇기 때문에 교사나 부모는 학생이나 아이가 공부의 의미를 깨달을 수 있도록 소통을 통해 도움을 주는 역할을 해야 한다.

이를 위해 고대 그리스 철학자 소크라테스가 사용한 '문답법'의 활용을 추천한다. 끊임없이 질문하고 답하는 방식을 통해 심사숙고하는 기회를 주는 것이다. 훌륭한 교사나 부모는 대화를 통해 공부의 의미를 일깨워 줄 수 있는 사람이다. 그 어떤 교육적 지원보다 중요하고 값진 일이며 사람의 인생을 바꾸는 귀한 과정이라 감히 말하고 싶다. 타인과의 상호 작용 경험은 내면의 대화로 확장되어 스스로를 돌아보고 목표를 성취하는 힘으로 연결되는 것이다.

이 모든 과정이 간단한 듯 여겨지지만 질문하고 답을 기다려 주는 일은 생각보다 어렵다. 그러나 경청과 기다리기를 통해 소통하고, 공부의 의미를 찾도록 학생을 돕는 것이 교실 상호 작용의 첫 단추임을 잊어서는 안 되겠다.

디지털 도구와 모둠별 활동

모둠을 기반으로 한 협동 수업은 상호 작용을 극대화할 수 있는 수업 형태이다. 서로 잘 모르는 구성원들이 한 팀을 이루어 공동의 목표를 달성해야 하는 상황에서 끊임없는 소통과 갈등 해소는 필수적이다.

협동 수업의 효과는 이미 오래전에 여러 학자에 의해 확증되었다. 하지만 많은 수의 학생이 협업 학습을 꺼린다. 협업 학습을 하는 과정이 생각보다 즐겁지 않기 때문이다. 차라리 개별 학습이 낫다고 이야기하는 학생도 있다.

협업 학습을 하다 보면 다른 팀원들은 무시하고 혼자 질주하는 학생도 있고, 자신의 몫은 하지 않고 무임승차를 하기도 하며, 모임 자체를 방해하는 학생들도 있기 마련이다. 그뿐만 아니라 교사 중심 수업에 워낙 익숙해져서 새로운 시도를 불편하고 귀찮게 여기는 경우가 허다하여 협동 수업을 실제로 구현하는 것은 생각보다 어려운 일이다.

그럼에도 불구하고 온라인이든 오프라인이든 학생들은 협동 수업을 통해 새로운 지식을 창조하고, 팀원들 간에 관계 맺는 방식을 배우며, 미래 사회에 필요한 공동체 경험을 체득해야 하는 것이 현실이므로 불편함을 극복해야 한다.

이를 위한 비책이 '치밀한 계획'이다. 자기 주도 학습이 완성될 때까지 교사와 부모의 끊임없는 지원이 필요하듯, 협업 학습 또한 마찬가지다. 협업 학습이 성공적으로 이루어지기 위해서는 교사의 노력이 필수적이다. 교과 내용에 따라 활동을 결정했다면, 활동을 단계화하여 개인별 역할까지 세분화해야 한다. 또한, 적절한 보상을 도입한다면 협동 수업에 활기를 불어넣을 수 있다.

내가 하는 모든 수업은 협업 활동이 포함된다. 대면 수업일 경우 만나서, 비대면이면 다양한 온라인 도구를 활용해 학생들에게 함께 배우는 장을 마련해 주려고 애쓴다. 협업 활동이 지식의 습득뿐 아니라 사회성 발달에도 매우 중요함을 알고 있기 때문이다. 프로젝트, 발표, 패널 토론, 역할극, 협동 글쓰기, 포스터 발표 등 그 종류도 수업에 따라 다양하다.

생각보다 많은 학생이 협업 활동으로 스트레스를 받는다. 팀 구성원들이 각자의 몫을 잘 분배하여 과제를 즐겁게 수행하는 경우는 드물다는 의미다. 시행착오를 겪으며 좋은 결과물을 끌어내는 소그룹은 그나마 다행이지만 갈등을 타협하지 못해 나에게 도움을 요청하는 학생들도 있다. 과제가 어려워 협업 활동이 힘든 경우는 거의 없고, 대부분이 팀원들 간의 관계 문제다.

그런데 재미있는 사실은 어느 팀이든 한 학생이라도 관계 지능이 높아 탁월한 중재자 역할을 하는 경우 무사히 과업을 완수한다는 점이다. 다시 말해, 모든 팀원이 대단한 능력을 갖췄다 해도 조그만 갈등을 해결하지 못한다면 최소한의 성과도 이뤄 내기 힘들다. 아무리 개인이 뛰어나도, 백지장도 맞들면 낫고 머리를 맞대야만 기대할 수 있는 독창적인 아웃풋이 있는 것이다.

협동 수업에 관해 오랫동안 연구해 온 미네소타대학교의 존슨 형제(Johnson & Johnson)는 협업 학습은 '학생들이 함께 활동하여 자신과 다른 친구들의 학습을 극대화할 수 있도록 소그룹을 교육적으로 활용하는 것'이라고 정의하는 한편 긍정적 상호 의존성, 개별 책임, 모둠 활동 성찰 과정, 대인 관계 기술, 면대면 촉진적 상호 작용을 협업 학습의 5가지 핵심 요소로 제시했다.[5]

이 5가지를 살펴보면, 협동 수업이 어떻게 '상호 작용'을 촉진하며 학생들에게 얼마나 유익한지 알 수 있다. 그뿐만 아니라 전통적인 수업 모형인 경쟁 학습과의 차이도 분명하게 나타난다.

첫 번째 요소는 긍정적 상호 의존성(Positive Interdependence)이다. 같은 모둠의 학생들은 상호 의존적인 관계에 있어, 한 학생의 성공은 다른 팀원의 성공과 동일 선상에 있다. 서로 경쟁 관계에 있어 한 학생이 다른 학생을 이겨야 하는 부정적 상호 의존성과는 정반대 상황인 것이다. 우리나라의 입시 제도나 상대 평가 제도는 개인의 성공은 곧 타인의 실패를 의미하는 부정적 상호 의존성의 전형적인 예시이다.

하지만 협동 수업에서는 각 팀원의 노력이 모둠의 공동 목표 달성에 이익이 된다는 사실을 깨닫고 서로를 신뢰하며 과업을 달성하는 자세가 필수적이다. 교사는 긍정적 상호 의존성을 높이기 위해 각 모둠이 성취해야 할 과제나 목표를 명료하게 제시하고 개인의 성공이 모둠 전체의 성공과 이어져 있음을 인식시켜야 한다.

두 번째 요소는 개인적 책임(Individual Accountability)에 관한 것이다. 경쟁 학습에서는 개인 학습자가 자신의 성공에 대해서만 신경 쓰면 되고 타인의 학습에 대해서는 무관심하거나 부정적일 때도 많다.

하지만 협동 수업의 경우 모든 구성원이 공동 목표를 위해 각자의 몫을 수행해야 한다. 무임승차는 곤란하다. 모둠 내에 맡은 임무를 수행하는 데 힘들어 하는 팀원이 있다면 서로 돕고 격려하는 수고도 해야 한다.

---

3) Johnson, D. W. & Johnson, R. T., Learning together and alone: Cooperative, competitive, and individualistic learning (Englewood Cliffs, NJ: Prentice Hall, 1987) 참조

미래 교육 협동 수업이 답이다

모둠원 가운데 리더를 세우는 것이 원활한 진행을 도울 수 있으며, 협업하는 가운데 개인의 책임을 다하는 것까지 배워야 성공적인 협동 수업이라 할 수 있다. 교사는 이를 위해 모둠 평가와 개인 평가를 병행하는 것이 좋다.

세 번째 요소는 모둠 활동 성찰(Group Processing)이다. 공동의 목표를 달성하려면 반드시 해야 할 작업이 팀원들의 임무 수행에 대한 세심한 분석이다. 잘 진행되고 있어 유지되어야 할 행동이 있는 반면 개선이 필요한 부분이 있다면 충분한 논의가 있어야 하며 잘못했다면 반성의 기회도 제공되어야 한다.

부족한 부분을 깨닫고 이를 반영하여 앞으로의 계획을 다시 세우는 과정도 필요하다. 팀원들 간 의사소통을 통해 미처 자각하지 못했던 개인의 부족함을 깨닫는 귀한 성찰의 시간은 협동 수업을 성공으로 이끄는 의미 있는 활동이라 할 수 있겠다.

네 번째 요소는 대인 관계 기술적(Socail Skills) 측면이다. 협동 수업에 참여하다 보면 팀원들과 많은 상호 작용을 하게 된다. 이에 따른 다양한 갈등도 경험한다. 개별 학습의 경우, 혼자만 잘하면 되지만 협업 활동에서는 이견을 조정해야 함께 나아갈 수 있기 때문이다.

가장 우선적으로 각 구성원은 효율적인 소통 방법을 배워 서로 간의 신뢰를 쌓는 과정이 필요하다. 이를 바탕으로 합리적인 결정과 갈등해결 과정을 경험하면서 공동의 목표를 달성해 나갈 수 있는 것이다. 아이러니하게도 협업과 갈등은 맞붙어 있다. 협업하려면 갈등이 생기는 것이 당연한 이치이므로 팀원 간의 친밀감을 높이고 팀워크를 증진시키는 대인 관계 기술적 측면이 강조되는 것이다.

마지막으로 강조할 내용은 면대면 촉진적 상호 작용(Face-to-Face Promotive Interaction)에 대한 것이다. 협동 수업의 이점이 대단히 많지만 모둠 활동으로 인해 자칫하면 수업 시간의 많은 부분이 허비될 가능성이 있다. 특히 온라인 수업의 경우 주로 '소그룹 회의' 기능을 이용해 협업 활동을 하는데 구성원들이 무얼 해야 할지 잘 몰라 허둥대거나 불필요한 사안으로 시간을 낭비하기도 한다.

이런 일을 방지하기 위해서는 모둠별 달성해야 할 과업에 대한 명료한 전달과 확인이 필요하다. 또한 팀원들 간의 긴밀한 상호 작용과 피드백을 통해 협동 수업의 본질에 충실할 수 있도록 노력해야 할 것이다.

오프라인 수업에서 '아트 갤러리'라는 협업 활동을 자주 했다. 5명이 한 조가 되고, 각 모둠은 교과 내용과 관련된 읽기 자료가 하나씩 주어진다. 자료를 함께 읽은 후, 키워드를 선정하고 주제와 관련된 그림도 그려 포스터를 완성한 후 교실을 장식하는 활동이었다.

교실의 한쪽 벽에 모든 모둠의 포스터가 게시되면, 학생들은 아트 갤러리를 관람하듯이 다른 모둠의 포스터를 살펴보는 것이 주된 내용이다. 관람 시 가장 중요한 사항은 각 모둠이 차례로 발표 모둠이 되어야 한다는 것이다.

발표 모둠은 차례가 되면 자기 모둠 포스터 앞에 서서 다른 모둠원들에게 큐레이터처럼 설명을 해 주어야 하며 각 모둠 포스터에 대한 질의 응답시간도 가질 수 있다. 이런 협업 활동은 각 모둠이 함께 주어진 자료를 읽고, 이해한 내용을 바탕으로 키워드를 선정해 포스터를 완성하기까지 끊임없는 상호 작용이 이루어진다.

이 모든 과정이 순조롭기 위해서는 교사가 각 모둠 팀원들의 역할을 확인하고, 모둠 발표 시 필요한 예의와 경청에 대한 사전 교육도 시행해야 한다. 또한, 교사는 각 모둠이 정해진 시간 안에 발표를 마무리하여 특정 모둠이 시간 부족으로 발표를 못 하는 일이 없도록 안내해야 할 것이다.

실제로 아트 갤러리 협업 활동은 많은 학생에게 큰 호응을 얻었다. 추상적이고, 어려운 읽기 자료를 모둠별 토의를 거쳐 포스터라는 구체적 결과물로 만드는 과정은 이해도에 큰 도움을 주었다는 반응이었다.

또한 다른 모둠 팀원들과 포스터를 공유하고 소통하면서 미처 이해하지 못한 부분과 새로운 관점까지 발견하게 되어 의미 있었다는 피드백도 받았다. 이렇게 유익한 오프라인의 협업 활동은 온라인 수업에서도 충분히 가능하다.

적절한 디지털 도구 선택과 모둠별 활동 절차에 대한 교사의 안내가 세심하게 이루어진다면 수준 높은 협동 수업을 할 수 있는 것이다. 이 책의 두 번째 파트부터 온라인 협동 수업에 대한 구체적인 방안과 적절한 디지털 도구에 관한 내용이 제시되어 있다.

대면이든 비대면이든 협동 수업의 핵심은 상호 작용을 기반으로
하는 수업 설계이다. 그렇다면 온라인 수업에 있어서의 상호 작용에
대한 이해가 선행되어야 한다. 온라인 수업에서의 상호 작용은 '교수
자-학습자', '학습자-학습자'라는 유형 외에 하나가 더 추가된다. '학습
자-학습 자료' 간의 상호 작용이다.[4]

우선 교수자-학습자의 상호 작용은 목표한 범위 내에서 적절한 지
식과 정보가 제공되었는가에 초점이 맞추어져 있다. 이 기준에서 교
수자가 제공하는 안내 사항과 피드백이 잘 전달되는 것, 학습자의 동
기를 발현시키는 것, 지속적으로 흥미를 유발하는 것, 자기 주도적 학
습이 가능하도록 유도하는 것 등의 활동이 포함된다.

학습자-학습자 간의 상호 작용의 경우 소속감 형성 및 존재감 확신
이 중요하다. 다양한 의견 교환과 동료의 과제 및 발표 등을 통해 스
스로의 학습 태도 및 결과를 성찰하는 것 역시 여기에 포함된다. 온라
인 수업이기 때문에 학습자-학습자 간에 더욱 협동성을 유지할 수 있
어야 한다.

학습자-학습 자료 간의 상호 작용은 사실 대면 수업에서는 그리 큰
문제가 아니다. 교수자가 즉각적으로 처리해 줄 수 있기 때문이다. 하

---

4) 김철민, "한국형 온라인 공개강좌(K-MOOC) 활용 교육 상호 작용 요인의 교육효과 영향 분석,"(석사학위,
연세대학교 교육대학원, 2018) 참조

지만 비대면 온라인 수업은 수업 자체가 생소한 테크놀로지를 사용하여 이루어지기에 자칫 학습 자료를 제대로 인지하지 못하는 오류가 발생할 가능성이 크다. 디지털 리터러시의 부족에서 오는 문제이다.

이를테면 공유하는 화면이 잘 보이는지, 소리는 잘 들리는지 하는 작은 것부터 학습자-학습 자료 간의 상호 작용에 큰 영향을 미친다. 반대로 학습자가 학습 자료를 스스로 통제할 수 있는 경우도 있다. 동영상 자료를 올렸을 때 재생을 중지한다거나 음소거를 시키는 등 의지적으로 상호 작용을 막을 수 있다는 뜻이다.

하지만 분명한 것은 교수자-학습자-학습 자료 간의 상호 작용이 원활하게 이루어질수록 학습 효과는 높아지고 온라인 수업에 대한 만족도 역시 달라진다. 그리고 이것은 테크놀로지를 얼마나 유용하고 의미 있게 활용하는지 즉, 디지털 리터러시 능력에 달려 있다고 해도 과언이 아니다. 그것이 제대로 이루어지기만 해도 다양한 모둠 활동이나 프로젝트 수업을 충분히 운영할 수 있다.

모둠별로 과업을 수행하려면 상호 작용을 할 수밖에 없다. 이때 교사는 학생들의 상호 작용을 관찰할 수 있고, 자연스럽게 개별 학생의 내용 습득 정도와 소통 스킬 파악이 가능하다. 세심한 관찰과 이에 대한 기록은 번거로운 시험을 대체하는 유용한 수단이 된다. 그뿐만 아니라 학생들의 학습 상태를 수시로 파악하여 맞춤 수업을 준비하는 데도 큰 도움이 될 수 있다.

더욱 강조할 부분은 상호 작용을 통해 학생들이 완전 학습을 할 수 있다는 사실이다. 예를 들어 '바로크 음악'에 대해 배운다고 가정해 보

자. 전통적인 교사 중심 수업인 경우, 책을 중심으로 교사가 학생들에게 바로크 음악의 특성, 대표 음악가, 시대 상황 등을 설명해 줄 것이다. 학생들은 정보만 들은 상태이므로 교실 밖에서 바로크 음악의 한 종류를 들어도 구분하지 못할 가능성이 크다. 시험을 치르기 위해 단순 암기한 지식을 시험이 끝나면 다 잊어버리는 얕은 수준이 이에 해당한다.

단순 지식을 내면화하여 살아 있는 지식으로 만들려면 상호 작용이라는 과정이 필요하다. 혼잣말을 통해 바로크 음악에 대한 정보를 정리하고, 실제 음악을 들었을 때 배운 지식과 연결하여 생각할 수 있다.

더 나아가 다양한 종류의 바로크 음악을 접하고 관련된 프로젝트들을 수행해 본다면 또래 간의 상호 작용으로 완전한 앎에 가까워진다. 여러 종류의 바로크 음악을 들었을 때, 작곡가 고유의 스타일을 분석하여 공통점과 차이점을 인식할 수 있고, 다른 사람에게 설명할 수 있을 정도의 높은 수준에 이르게 된다.

친구에게 배운 내용을 설명하다가 막히는 부분이 있다면, 완벽하게 이해하지 못했음을 의미하므로 자신이 모르는 것을 인지하고 반복 학습을 하게 되는 소중한 기회를 제공하기도 한다.

이렇듯 상호 작용을 통해 경험하는 앎의 과정은 신비하고 흥미롭다. 공부의 즐거움이란 이런 단계를 거치면서 깨닫게 되는 것이다. 시험이 끝나면 모두 잊어버리는 현실의 공부 방식으로는 절대 알 수 없는 부분이다. 수업 중의 상호 작용 활동은 그 자체가 배움의 증거이며 완전 학습의 통로가 된다.

미래 교육 협동 수업이 답이다

온라인 수업 성공의 열쇠를 찾아라

교육에서 상호 작용이란 학생과 교사, 학생 서로 간, 학생과 학습 환경 사이에 일어나는 모든 활동을 이야기한다. 상호 작용의 목적은 학생의 적극적인 수업 참여를 통해 배움이 일어나게 하고 마지막 단계로 학습 목표에 도달하게 돕는 것이다.

이렇게 중요한 상호 작용이 온라인 수업의 일반화로 인해 뜨거운 논의의 대상이 되고 있다. 비대면 온라인 수업으로 인해 상호 작용이 제대로 이루어지지 못하고 학생의 적극적인 수업 참여가 제한되어 고립감을 더 느낄 수밖에 없는 환경에 놓이기 때문이다.

온라인 수업은 대면 수업과 환경 자체가 다르므로 교사가 학생에게 필요한 상호 작용을 제공하기 위해서는 온라인 상호 작용에 대한 면밀한 이해부터 다양한 방법에 이르기까지 심층적인 분석과 고민이 필요하다.

그래야 온라인 수업에 참여하는 학생들의 학습 동기를 높여 수업에 참여시킬 수 있고 심리적·물리적인 고립감까지 해소하여 온전한 교육이 이루어지기 때문이다. 대면이든 비대면이든 교육에서의 상호작용은 수업 성공의 열쇠라고 해도 과언이 아니다. 그렇다면 교실 상호 작용을 어떻게 시작해서 발전시키면 좋을까? 그 방법에 대해 알아보도록 하자.

친밀한 관계가 우선이다

내가 가르치는 1·2학년 학생들은 팬데믹 시기에 입학하여 학교 강의실에서 강의를 듣거나, 잔디밭 교정을 거닐며 친구들과 잡담을 나누었던 경험이 없다. 30년 가까운 카자흐스탄 키맵대학교 역사 가운데 이런 학교생활을 한 학생이 얼마나 될까. 온라인 입학식을 시작으로 1학년 생활을 비대면 수업으로 마무리하고, 2학년을 다시 온라인으로 시작했기 때문이다.

이런 특별한 경험을 통해 학생과 선생님들은 디지털의 중요성에 대해 알게 되었다. 온라인이 아니었다면 이 위중한 COVID-19 시국에 어떻게 교육이 지속될 수 있었을까. 반대로 사람 냄새나는 오프라인과 아날로그 세상의 소중함도 깨닫는 기회가 되었다. 친구들을 스스럼없이 만나 밥을 먹고, 선생님과 커피를 마시며 이야기 나누던 것이 당연한 일상이었지만, 이제 쉽게 할 수 없는 세상이 온 것이다.

미래 교육 협동 수업이 답이다

마스크 없이 돌아다닐 수 없고, 백신 걱정을 해야 하는 어려운 시대에 태어나 힘들겠다 싶지만, 이들은 디지털 공간의 '접속'과 아날로그 현실의 '접촉'이 공존하는 새 시대를 살아갈 주역이다. 이들이 온라인이라는 한계를 뛰어넘어 양질의 상호 작용을 하고, 좋은 교육을 받을 수 있다면 위드 코로나(With Corona)시대를 이끌어 갈 든든한 버팀목이 될 수 있다.

그렇다면 좋은 교육은 어디에서 시작할 수 있을까? 바로 친밀한 관계 형성이다. 대면이든 비대면이든 교사-학생 간의 관계가 형성되어야 효과적인 학습이 일어날 수 있고, 상호 작용은 관계 형성의 근간이다. 상호 작용을 통해 친밀감도 형성되고, 배움도 일어나는 것이다.

일반적으로 교육 현장에 활용되는 상호 작용은 사회적 상호 작용과 교수적 상호 작용으로 구분한다. 사회적 상호 작용은 학습자가 직접 혹은 간접으로 학습 활동에 참여함으로써 경험하게 되며 친밀한 관계 형성을 일컫는다.

교수적 상호 작용은 수업의 콘텐츠가 그 중심이다. 수업 중에 전달되는 학습 내용과 활동에 학습자가 적극적으로 참여한다면 교수적 상호 작용이 활발하다고 보면 된다. 보통 교수적 상호 작용이 원활하면 학습 목표는 무난하게 달성할 수 있다.

여기서 중요한 것은 사회적 상호 작용과 교수적 상호 작용의 관련성이다. 이 두 상호 작용의 관계는 '닭이 먼저냐 달걀이 먼저냐'와 비슷한 맥락이다. 교사와 학생의 사회적 상호 작용이 단단하게 형성되면 그것이 기반이 되어 대부분의 학생은 수업 내용과 관련된 활동에도 참여도가 높다. 교수적 상호 작용이 높아 학생이 교과 관련 활동에 열심히 참여하여 학업 성취도가 높으면 교사와의 사회적 상호 작용이 자연스럽게 활발해지기도 한다.

그런데 여기서 짚고 넘어가야 할 부분은 교사나 학생 모두 대면 수업이 온라인 수업보다 익숙하다는 점이다. 온라인 수업의 어색함을 이기고 수업을 시작했는데 교사가 바로 지식 전달에 포커스를 맞춰버리면 어떤 상황이 벌어질까? 당연히 학생들은 공부하기가 싫어질 것이다. 비대면 수업에서는 낯설어도 함께 공부를 해 보겠다는 분위기가 먼저 만들어져야 하는데, 이는 친밀한 관계(rapport) 형성에서 시작된다.

수업 시작 전이나 개인 면담 또는 줌(Zoom) 소그룹 모임 등을 활용하여 서로를 알아 가는 시간이 있어야 본격적인 수업 관련 활동이나 프로젝트가 성공적으로 진행될 수 있다. 학생들의 성향을 알고 무엇을 원하는지 파악하는 것과 일맥상통한다.

이는 교실 밖 상호 작용에도 적용된다. 어느 날 큰아이 호세에게 "엄마는 우리 마음을 너무 모르는 것 같아요."라는 충격적인 발언을 들은 적이 있다. 그 말이 놀랍고 믿을 수가 없어 호흡을 가다듬어야 했다. 내 귀가 의심스러워 아이에게 방금 한 말이 맞는지 재차 확인하기까지 했다. 맞다는 대답이 돌아오자 나는 하던 일을 멈추고 호세에게 다가갔다. 아이에게 가는 길이 너무 멀게 느껴졌다. 가는 동안 '호세 말을 잘 들어주자.'라고 스스로에게 굳게 약속하며 곁에 앉았다.

미래 교육 협동 수업이 답이다

먼저 왜 그렇게 생각하는지 물어보았다. 그랬더니 기다렸다는 듯 "우리가 원하는 건 엄마가 놀아 주는 거예요. 숨바꼭질이랑 술래잡기 같은 거요. 그런데 엄마는 일을 너무 많이 해요."라고 답했다.

나는 아이들과 가족을 위해 정말 일을 많이 줄였다고 생각했다. 삼형제에게 책도 읽어 주고, 숙제도 봐 주고, 산책도 자주 하면서 나름 함께하는 시간이 충분하다 믿었는데 그것은 나의 입장에 불과했다. 철저하게 내 중심적인 사고였던 것이다.

아이들 양육을 잘해 보겠다고 여러 가지로 발버둥 치고 나름 노력하며 살았다 믿었다. 하지만 호세의 말을 듣고 되돌아보니 가장 핵심인 아이들의 소리에 귀 기울이는 것에 소홀했다. 아이가 원하는 것을 들어주기보다 내가 생각하기에 중요한 것들을 해 왔던 것이다. 마치 프로젝트 완성하듯 말이다.

나는 호세와의 대화 가운데 큰 깨달음을 얻었고, 더는 말을 잇기가 어려웠다. 결국 중요한 것은 '아이들' 자체이지 아이들에게 도움이 될 거라 착각한 다양한 활동들이 아니었다. 심지어 아이들은 그것들을 원하지도 않았다. 불통의 원인은 바로 '나'였다.

어쩌면 학생과의 상호 작용에서도 비슷한 실수를 저지르고 있는 것은 아닐까? 책을 통해 이론으로만 배웠던 상호 작용 방법을 적용하는 데 급급한 나머지 정작 수업의 주인인 학생들의 목소리에 귀 기울이는 일에 소홀했던 나를 발견하고 부끄러운 반성을 하게 된다. 교실 수업이든, 아이 양육이든, 사회에서의 여러 다른 관계에서든, 상대방의 마음을 알아 가는 작업이 우선이다.

서먹한 교사-학생과의 관계에서 서로를 알아가는 건 생각보다 어려우므로 사전에 친해지는 단계가 필요하다. 수업 시간 외에 '번개 모임'을 갖는 것도 친밀함을 쌓는 좋은 방법이다. 사실 오프라인에서 교사와 학생이 수다를 목적으로 만나기란 쉽지 않다. 하지만 온라인으로 이루어지는 번개 모임은 그것을 가능하게 한다.

공부와 전혀 상관없는 주제를 가지고 이야기를 나누는 수다방 같은 콘셉트의 번개 모임은 평소 수업에 잘 참여하지 않던 학생들에게도 관심을 불러일으킬 수 있다. 번개 모임의 주제를 학생들이 정하게 하는 것도 좋다.

예를 들어 학생들이 좋아하는 아이돌 그룹, 음악, 춤, TV 프로그램, 게임, 음식, 옷 브랜드 등을 주제로 삼아 번개 모임을 갖다 보면 스스럼없이 온라인 소통에 익숙해지고, 관계성 또한 향상된다.

이런 관계 형성을 위해 온라인 수업에서도 충분히 활용 가능한 게임 10가지를 소개하고자 한다.

1) 스무고개

한 사람이 어떤 물건이나 직업, 활동, 음식 등의 단어를 마음속으로 생각하면 다른 사람이 문제를 맞힐 때까지 스무 번의 질문을 할수 있다. 원칙적으로 질문은 '예' 또는 '아니오'로 대답할 수 있는 것이어야 하지만 규칙에 따라 첫 번째 질문은 정답의 카테고리를 물을 수도 있다. 1950년대 영국 BBC의 라디오 프로그램 〈트웬티 퀘스천스(Twenty Questions)〉가 인기를 끌며 유행했다.

미래 교육 협동 수업이 답이다

2) 단어 연상

학생들이 돌아가면서 이전 단어와 연결된 다른 단어를 이어 말한다. 말문이 막힌다거나 연결점을 찾을 수 없는 단어를 말하면 지는 게임이다.

3) 다양한 용도 맞추기

여러 물체 중 하나를 선정해 그 물체의 용도를 최대한 많이 생각해낸다. 모두가 아는 용도를 설명할 수도 있겠지만 참여자들을 설득할 수 있다면 창의적인 용도를 설명할 수도 있다.

4) 제스처 놀이

한 명이 제한 시간 내에 문구, 동물, 영화, 책, 연극, 속담 등을 마임으로 연기하면 나머지 사람들이 무엇인지 알아맞힌다. tvN의 〈신서유기〉 프로그램에서 자주 하던 '몸으로 말해요' 게임을 연상하면 쉽게 이해할 수 있다.

5) 애너그램

수업 시간에 배운 단어나 용어의 알파벳을 뒤섞어 학생들에게 맞히도록 한다. 문장을 구성하는 단어들을 섞을 수도 있다.

6) 이야기 끝맺기

학생들이 조별로 모여서 나눈 이야기를 어떻게 끝맺을지 상상한다.

7) 알파벳 게임

국가, 음식, TV 프로그램, 영화 등 카테고리에 있는 이름을 맞힌다. 예를 들어, 음식 카테고리에는 사과, 비스킷, 당근, 주스 등이 있다.

8) 왜냐하면 게임

어제 무엇을 했는지에 대해 학생들에게 이야기하며 시작한다. 예를 들면 "선생님은 어제 쇼핑 갔어."라고 말한 뒤 한 명을 지목해 그 문장을 반복한 다음 '왜냐하면'을 사용하여 그 행동을 한 이유를 설명하도록 한다. 예를 들어 어제 쇼핑을 갔다는 말에 "왜냐하면 새로운 원피스가 필요했어."라고 답할 수 있다. 다음으로 지목된 학생은 새로운 원피스가 필요한 이유를 설명하면 된다.

9) 행맨

매우 유명한 게임이다. 최근 수업 시간에 배운 단어 하나를 선택한 다음 학생들에게 무엇인지 맞히도록 한다. 칠판을 이용하거나 행맨 웹 사이트[5]를 이용한다.

10) 두 가지 진실과 거짓말 하나

자신에 대한 문장 세 가지를 적거나 말한다. 두 문장은 진실이고 하나는 거짓이어야 한다. 학생들에게 짝을 지어 어떤 문장이 진실이고 어떤 문장이 거짓인지 맞히도록 한다.

이러한 게임들을 활용하면 수업의 분위기도 좋아지고 교사와 학생 간의 관계는 훨씬 가까워진다. 교사는 이에 더하여 학생의 성향이나 학업 수준을 면밀히 관찰하여 사회적 상호 작용과 교수적 상호 작용이 균형을 이룰 수 있게 도와야 한다. 이 과정에서 자연스럽게 전인 교육과 완전 학습이라는 두 마리 토끼를 잡을 수 있다.

---

5) hangmanwords.com

　내가 강의하는 온라인 수업을 듣는 학생은 대부분 MZ 세대이다. 이처럼 학교 현장의 수업 대상자는 세대에 따라 특성이 각기 다를 것이다. 그러므로 수업의 주인공인 학생을 잘 알아야 원활한 소통이 가능하고, 이는 수업 중 상호 작용의 원천이 된다. 그렇다면 MZ 세대는 누구이며 어떤 특성이 있을까?

　1980년대 초반에서 2000년대 초반에 태어난 이들을 일컬어 밀레니얼 세대라고 한다. 또한 1990년대 중반에서 2000년대 초반에 태어난 세대는 Z 세대로 불린다. 이 밀레니얼 세대와 Z 세대를 통칭하여 MZ 세대라고 부르는 것이다.

　이들은 디지털 환경과 SNS를 통한 소통에 익숙하고, 최신 트렌드를 즐기는 동시에 타인과 다른 이색적이고 독특한 경험을 추구한다. 또한 MZ 세대는 자신의 행복, 공유, 경험, 현재를 중시하며 지극히 개인주의적 특징을 보이기도 한다.

　특별한 메시지를 담은 물건을 구매함으로써 자신의 신념을 표출하는 '미닝아웃(Meaning Out)' 소비와 가격보다는 취향을 중시하는 '플렉스(Flex) 문화'가 여느 세대보다 강하다. 미닝아웃은 다양한 챌린지 형태로 나타나 사회적인 움직임을 선도하기도 한다. 대표적인 예로 제로 웨이스트를 실천하려는 움직임이 시선을 끈다.

　마트에 가서 수산물을 구매하면 스티로폼 용기에 비닐 랩을 씌워 그것을 다시 비닐봉지에 담아 주는 것이 일반적이다. 하지만 제로 웨이스트 챌린지에 참여하는 MZ 세대는 '#마트에서 용기를 내 보았다', '#용기내'를 해시태그로 달아 다회용 플라스틱 용기에 수산물을 구입한 사진을 SNS에 공유한다. 이것을 본 팔로워들은 다시 비슷한 형태의 소비를 하며 이른바 '#용기내 챌린지'로 이어진다.

이러한 특징을 온라인 수업에서 활용하면 생각보다 적극적이고 빠른 피드백이 돌아온다. 환경 문제나 유기 동물 후원 문제, 독도 영유권 문제 등 사회에서 의식적인 개선이 필요한 부분을 수업의 주제로 삼고 과제로 챌린지 활동을 유도한다면 MZ 세대에게 딱 맞는 수업 설계라고 볼 수 있다.

협동 수업도 MZ 세대가 흥미를 가질 수 있는 방식으로 유도해야 한다. 예를 들어 '올바른 분리수거 방법'이라는 주제를 선정한 후 모둠별로 해당 주제를 영상으로 제작하게 하는 것이다. 학생들은 이미 스마트폰으로 영상을 찍고, 이를 다시 편집하는 것에 익숙하다.

영상 편집 어플들도 워낙 다양해 음악이나 자막을 넣는 것, 심지어 영상에 여러 효과를 적용하는 것도 어렵지 않다. 영상에 대한 아이디어를 내고, 역할을 분담하는 일련의 과정에서 협동 수업의 목표인 상호 작용이나 지식 습득이 자연스럽게 이어질 수 있다.

할 수 있는 일이 제한적인 온택트 시대이지만 MZ 세대는 소셜 미디어에서 자유롭다. 특히 '라이브 방송'이라는 창구를 통해 다양한 사람과 실시간으로 소통하는 것을 즐긴다. 자기표현 욕구와 소속감이 강하여 영상 또는 음성으로 자유롭게 취향과 일상을 공유하고 싶어 한다. 이런 그들의 성향이 COVID-19 비대면 문화와 맞아떨어져 실시간 영상으로 소통하는 것이 대세로 자리 잡았다.

라이브 방송에 열광하는 MZ 세대는 온라인 수업의 경우도 녹화 방송을 시청하는 것보다 실시간 온라인 수업을 선호한다. 영상이 아닌 목소리만으로 실시간 소통하는 '클럽하우스'나 페이스북의 '오디오 룸', 국내 최대 팟캐스트인 '팟빵'의 선풍적인 인기를 보더라도 이들의 성향을 쉽게 파악할 수 있다.

어쩌면 MZ 세대는 면대면 만남보다 온라인 플랫폼을 통해 다양한 사람과 실시간으로 소통하는 것을 선호할지도 모른다. MZ 세대는 어떤 다른 세대보다 디지털 플랫폼에 익숙하기 때문이다. 이러한 MZ 세대의 소통 성향을 이해하고, 교사가 온라인 수업에서 소통을 시도한다면 재미있는 상호 작용을 충분히 기대할 수 있다.

정해진 상담 시간에 줌에서 만나 문제를 해결 해 주는 것도 좋지만 인스타그램이나 유튜브를 이용한 라이브 방송을 진행하면서 스스럼 없이 소통하는 것도 교사-학생 관계에 신선한 자극으로 다가올 수 있지 않을까?

물론, 이런 방식이 어색할 수 있겠으나 한두 번 시도하다 보면 이 또한 익숙해지리라 생각된다. 무엇보다 라이브 방송의 소통으로 가까워진 관계는 온라인 수업에서 그 진가를 발휘하리라 확신한다. 교사-학생의 친밀한 관계는 학생의 수업 참여에 대단한 동기로 작용하기 때문이다.

나는 매일 하루가 마무리되는 오후 5시 즈음 이메일 확인을 했다. 정전되거나 인터넷 연결 불안정으로 실시간 온라인 수업에 참여하지 못한 학생들이 어김없이 연락을 주기 때문이다.

COVID-19 사태 이후 학생들은 대부분 고향으로 돌아간 상황이었고, 카자흐스탄의 각기 다른 지역에서 온라인으로 수업에 참여하고 있어서 지역에 따라 교육 인프라가 천차만별이었다. 이렇다 할 장비가 없어 스마트폰으로 겨우 수업에 참여하는 학생이 있는가 하면, 수업 중 발표를 위해 카메라를 켜면 인터넷 연결이 원활하지 못해 접속이 끊어지는 사태도 여러 번 경험하였다. 정전도 이곳에서는 흔한 일이라 온라인 수업 중 갑자기 사라지는 학생도 있을 정도였다. 돌이켜 보면 어려운 여건에도 불구하고 어떻게든 온라인 수업에 참여하고자 애썼던 학생들이 기특하고 고맙다.

당시 수업에 차질을 빚고 있는 나라가 어디 카자흐스탄뿐이었겠는가. 변이 델타 바이러스의 확산이 심각하던 시기, 베트남에서는 호찌민, 하노이를 포함한 여러 지역에 봉쇄령이 내려졌다. 이와 함께 유치원을 비롯한 초·중·고 학생들은 비대면 수업으로 교육을 받아야만 했다.

하지만 호찌민에 거주하는 7만 5천여 명의 학생들이 교육 인프라 미비로 온라인 수업을 들을 수 없는 어려운 환경에 처해 있다는 현지 보도가 이어졌다.

보도에 따르면, 학부모들이 팬데믹으로 인해 고용이 불안정하거나 재정적 어려움을 겪느라 온라인 수업을 위한 장비 구매가 현실적으로 불가능했고, 생계에 어려움을 겪고 있는 가정의 아이들이 온라인 수업에 신경을 쓰지 못하는 것은 어쩌면 당연한 일이었을 것이다.[6]

뿐만 아니라 베트남 내 53개 소수 민족 가정의 경우 온라인 학습에 적합한 장치가 더더욱 없었고, 인터넷 연결도 대단히 불안정해 적절한 교육을 거의 받지 못하는 상황이었다. 특히 조부모와 주로 생활하는 학생들의 경우 조부모들이 온라인 학습에 익숙하지 않아 온라인 수업 참여에 실질적인 도움도 줄 수 없어 답답함과 불안함으로 시간을 보내고 있다는 안타까운 사연도 있었다.

이러한 문제가 남의 나라 일만은 아니다. 우리나라 취약 계층을 예로 들자면 10가구 중 6가구가 컴퓨터가 없다고 한다. 또 다자녀 가구의 경우 PC가 있더라도 한 대를 공유해 사용해야 하기 때문에 수업 시간이 겹치기라도 하면 난감한 상황이 펼쳐진다. 이를 파악한 정부는 태블릿PC나 노트북 등을 대여하는 방식으로 교육 공백을 없애려는 노력을 했다고 해도 역부족인 것은 사실이다.[7]

많은 사람이 당연하게 받아들이는 이 환경이 누군가에겐 너무나 특별하고 낯선 환경이 될 수 있음을 기억해야겠다. IT 강국에 선진국이라

---

6) 박정인, "온라인 수업 듣고 싶어도 듣지 못하는 베트남 학생들," EBS NEWS, 2021년 9월 9일 수정, 2021년 11월 23일 접속, https://news.ebs.co.kr/ebsnews/allView/60102983/N 참조
7) 한태희, "온라인 개학 사각지대 없나?… 취약계층 컴퓨터 보유율 59%," 뉴스핌, 2020년 3월 26일 수정, 2021년 11월 23일 접속, https://m.newspim.com/news/view/20200326001086 참조

할지라도 온라인 수업을 위한 기본 요소라 할 수 있는 인터넷과 장비 미비로 수업 참여에 어려움을 겪고 있는 학생들이 있기 때문이다.

온라인 환경의 특장점이 '교육 기회의 균등'이라고 생각했는데 아직은 먼일인 듯하다. 온라인 수업 내에서의 소통과 상호 작용이 무척 중요하지만 이에 앞서 학생들이 온라인 수업에 참여할 수 있는 환경인지 살펴보고 대책을 세워 함께 가는 방안을 마련하는 것이 먼저이다.

또한, 예기치 못한 상황은 언제나 발생할 수 있다. 평소 문제없이 사용하던 노트북이 고장이 난다면 어떨까? 서비스 센터를 찾아 바로 수리할 수 있으면 다행이지만 부품 수급이나 고장 경중에 따라 수리에 며칠이 걸릴 수도 있다. 우리나라에서는 한 통신 업체의 네트워크가 전국적으로 마비되면서 휴대전화와 포스기, 인터넷까지 그야말로 먹통이 되어버린 사건이 있었다.

이러한 일들을 미루어 볼 때 온라인 수업에 참여해야 할 학생이 참여하지 않았다거나, 갑자기 수업에서 나가 버린다거나, 제출 기한을 넘겨 과제를 제출하는 등의 일이 발생한 경우, 교사의 부정적 감정 반응이 즉각적이어서는 안 된다. 상황을 파악하는 것은 즉각적이어야겠지만 비대면 상황에서는 예상치 못한 일이 발생할 수 있다는 것을 염두에 두고 감정 반응은 한 발 느리게 나타내야 한다.

어쩔 수 없는 상황이 벌어져 당황한 학생에게 교사의 부정적인 감정 반응이 곧바로 전달돼 버린다면, 이후의 비대면 수업에서 활발한 상호 작용을 기대하기 어려워진다. 이것이 대면 수업과 비대면 수업의 차이를 숙지하고 학생들의 상황을 파악하여 적절한 반응과 대응을

미래 교육 협동 수업이 답이다

해야 하는 이유다.

대면과 비대면 수업의 소통은 어떻게 다른가?

지난해 10월 25일은 위드 코로나가 본격적으로 카자흐스탄 키맵 대학교에 적용된 날이다. 백신 접종률과 사회적 상황, 교육의 질을 고려하여 카자흐스탄 교육부가 내린 결정이었다. 이로써 약 2년간 진행됐던 전면 온라인 수업의 막을 내리고, 대면과 비대면이 공존하는 블렌디드 수업이 시작 되었다.

강의실로 돌아가기 전날, 막상 학교로 돌아가려니 떨리고 어색했다. 온라인 수업이 낯설어 힘들어했던 게 엊그제인데, 이제 대면 만남에 마음을 다잡아야 하는 나 자신을 보았다. 이런 걸 두고 '역문화 충격(Reverse Culture Shock)'이라고 하는가 보다.

본래 역문화 충격의 의미는 오랜 기간 외국에서 생활하다가 본국에 돌아왔을 때, 되레 내 나라가 낯설게 느껴져 잘 적응하지 못하고 힘들어하는 현상을 설명하는 사회 용어다. 온라인 수업과 재택근무에 익숙해지면서 이전에 15년을 넘게 해 온 오프라인 수업이 걱정되고 불안한 이 감정이 역문화 충격과 비슷하지 않을까 싶었다.

팬데믹이 완전히 종식되어 가벼운 마음으로 학교로 돌아가는 것이 아니라 재택근무와 온라인 수업을 기한 없이 이어 갈 수 없어 내려진 결정이라 불안감이 더 했다. 물론, 온라인과 오프라인 수업을 계속 병행하고 있는 상황이다. 다른 나라나 도시에 있어 당장 학교로 돌아오기 힘들거나 COVID-19에 감염되었거나 후유증으로 고생하는 학생들은 온라인 수업을 지속해야 하기 때문이다. 앞으로 꽤 오랜 기간 온라인과 오프라인 수업이 동시에 이루어지리라 예상된다.

오프라인 수업이 재개된 첫날, 떨리는 마음을 안고 일찌감치 강의실로 향했다. 거리 두기를 고려한 책상 배치와 손 소독제가 비치되어 있었고, 학생들과 만나 무슨 얘기를 해야 하나 고민이 되었다. 대면 소통은 온라인 대화와는 많이 다르기 때문이다.

학생들이 하나둘씩 강의실에 도착했고, 나는 학생들을 거의 알아보지 못했다. 온라인 수업에서는 많은 학생이 비디오를 끄고 있어 얼굴을 본 적이 없는 경우가 많았다. 우리는 정말 처음 만난 것처럼 자기소개를 하고 서로를 알아 가는 시간을 가져야 했다.

어떤 학생은 대면이라 음소거 기능을 사용할 수 없어 힘들다는 우스갯소리를 하기도 했고, 비디오를 끌 수 없어 다른 친구들의 시선이 매우 신경 쓰인다고 이야기한 학생들도 꽤 있었다. 온라인 수업으로 전환할 때 필요했던 노력만큼, 다시 대면 수업으로 돌아오는데 적잖은 시간이 걸리는 것이다. 나는 서로를 바라보며 어색해하는 학생들에게 지금 느끼는 낯선 감정은 지극히 정상적이니, 우리 함께 노력해보자고 다독였다.

그렇게 며칠이 지나고, 오프라인 수업 사흘째가 되었다. '언어 수업 평가 방법' 수업이 끝나자 평소 수업 태도가 우수한 우즈베키스탄

위드 코로나 시대의 키맵대학교 강의실

학생이 찾아왔다. 내 수업을 이미 여러 번 수강한 학생이라 서로 잘 아는 사이다. 무슨 일인가 들어봤더니 강의실에서의 면대면 소통이 낯설어 수업에 활발하게 참여하지 못해 죄송하다는 말을 전하는 것이 아닌가.

온라인 수업 발표는 힘들지 않았는데, 갑작스럽게 친구들이 많은 강의실에서 의견을 말하는 것이 어렵다는 속마음을 전해 주었다. 온라인에서 오프라인 소통에 적응하는 것이 교수자인 나도 쉽지 않은데, 학생들이 힘든 건 당연하다. 무엇이 가장 힘드냐고 물었더니 친구들의 반응과 시선을 살피면서 발언하는 타이밍을 찾는 것이라 했다.

온라인 수업의 경우 '손들기' 표시를 하면 교수자가 차례대로 호명하여 부딪힘 없이 발표를 이어 갈 수 있다. 친구들의 반응도 비디오로 자세히 살필 수 없어 비교적 자유롭게 이야기할 수 있었는데 대면 수업은 달랐던 것이다. 대면 소통에서는 먼저 대화의 주제와 상황을 파악하고, 상대방의 표정, 제스처 등을 살피며 아이 컨택을 통해 면밀하게 이야기를 이끌어야 하므로 스크린의 문자에 의존하는 온라인 대화와는 사뭇 다르다.

요즘 MZ 세대 학생들은 다양한 형태의 온라인 대화(Online Interaction)를 선호하는 편이다. '음소거와 비디오 중지' 기능이 있어 온라인 수업이 편하다고 이야기했던 것과 비슷한 맥락이다. 온라인 대화는 1:1 또는 여러 사람이 온라인상의 다양한 매체를 이용하여 메시지를 교환하는 대화 방식이다. 학생들과의 온전한 소통을 위해 교수자는 대면뿐만이 아니라 비대면 소통에도 익숙해져야 한다.

온라인 매체의 종류에는 문자 메시지를 비롯하여 전자 메일, 블로그, 카페, 인스타그램, 페이스북 등 다양하다. 멀리 있는 사람과 실시간 또는 비실시간 대화가 가능하다는 장점이 있고, 주로 문자 언어에 의존한다. 이는 같은 온라인 커뮤니티에서 활동하거나 친밀한 사람들의 경우 비공식적인 언어를 사용함으로써 소속감을 확인하게 해 준다. 의도적으로 문법에 맞지 않는 말이나 줄임말 사용을 통해 개성과 감정을 표현하는 것이 그 예이다.

비실시간 온라인 대화의 대표적인 예는 전자 메일과 블로그가 있다. 전자 메일은 온라인상에서 전자 우편 주소를 가지고 있는 사람들

미래 교육 협동 수업이 답이다

끼리 시공간 제약 없이 메시지를 주고받는 형태이다. 파일을 첨부할 수 있고, 분량의 제약이 없으며, 같은 내용을 동시에 여러 사람에게 보낼 수 있다는 장점이 있다.

블로그의 경우 개인이 운영하는 게시판 형태로, 개인 브랜딩 등을 통해 자신만의 개성 있는 콘텐츠를 계속 업데이트할 수 있다. 특정 목적이 있는 포스팅에 개인 의견으로 댓글을 달거나 응원 메시지 등을 보내어 친밀감을 형성하고 정보 공유도 가능하다.

실시간 온라인 대화는 수업 플랫폼을 통해 가능하다. 예를 들어 줌을 통해 실시간 온라인 수업이 진행된다면 학습자는 교수자 또는 또래 학습자들에게 개인 또는 전체 메시지를 실시간으로 보내어 소통할 수 있다.

온라인 수업에서 효율적인 상호 작용이 일어나게 하려면 빠질 수 없는 부분이 바로 이 온라인 대화이다. 수업에 대한 다양한 의견이 오고 갈 수 있고 사적인 대화와 학습에 대한 피드백 제공까지 가능하기 때문이다.

효과적인 수업 비계
설정 방법

비계(飛階)는 건설 현장 높은 곳에서 공사할 수 있도록 설치한 임시 가설물을 말하며, 재료 운반이나 작업을 위한 통로 및 발판으로 사용하기 위해 설치한다. 고층 아파트나 빌딩을 건축할 때 손이 닿지 않아 불가능했던 일들이 비계를 설치하면서 가능해진다. 즉 비계는 노동자들에게 물리적 지지를 제공하고 그들이 할 수 없는 작업 영역에 닿을 수 있도록 돕는 역할을 한다.

교실에서 교육용 비계 설정은 학생이 혼자 힘으로 과제를 완료할 수 없는 경우 또래나 교사가 힌트 같은 도움을 제공하는 기준과 정도이다. 이는 학생에게 건축 공사 상황과 비슷한 지지를 제공하게 된다. 만일 학생이 충분히 잘하고 있다고 판단되면 천천히 중단될 수 있다.[8]

이러한 비계 설정은 학생이 스스로 도달할 수 있는 범위를 넘어서도록 지원하기 때문에 강력한 학습 도구이다. 비계를 진행하는 과정에서 더 높은 학습 성취를 이룰 수 있도록 다양한 방법이 이용되며, 이러한 방법은 학생의 적극적 참여를 유도하는 데 큰 도움이 된다.

또한, 교사는 학생이 한 단계 나은 수준으로 올라가는 과정을 면밀하게 관찰하여 피드백을 주고, 필요에 따라 수정을 요구할 수 있다.[9] 게다가 비계 설정은 적시에 지지대 역할을 함으로써 학생이 의미 있는 학습에 참여하도록 하고, 불안 수준을 낮추어 준다.[10] [11]

---

8) Lange, V. L. (2011). Instructional Scaffolding. World Learning SIT Graduate Institute. Retrieved from http://condor.admin.ccny.cuny.edu/~group4/ 참조

9) Donato, R. (1994). Collective scaffolding in second language learning. In G. A. James P. Lantolf, Vygotskian Approaches to Second Language Research (pp. 33-42). Greenwood, CT: Greenwood Publishing Group. 참조

10) Fields, D. L. (2017, March). 101 scaffolding techniques for language teaching and learning. Edicionesmagina. Retrieved from https://edicionesmagina.com/appl/botiga/client/img/71007.pdf 참조

11) Donato, 1994. 참조

교실에서 비계 설정은 두 가지 단계로 진행된다. 먼저 학생들이 새로운 개념을 습득하도록 수업을 계획하고, 다음은 단계마다 교사 지원을 수반하는 실행 단계이다.[12] 교사가 과제를 모델링하고 학생들이 그것을 관찰하면서 수업이 시작된다. 이후 학생들은 독자적으로 과제를 실행하고 교사는 이미 계획된 지원을 통해 연습할 수 있도록 돕는다. 학생들이 스스로 잘하게 되면 과제는 더 복잡해지고 교사 지원 수준은 낮아진다. 학생들이 교사의 지원이 미미한 수준 혹은 아예 지원 없이 과제를 온전히 수행할 수 있을 때까지 이 과정이 지속된다.[13]

비계 설정을 통한 수업 진행은 학생들이 학습의 주체가 되고, 교사-학생, 또는 학생-학생 간 상호 작용을 높여 학생 참여가 최대가 되는 교실 수업 현장을 만든다. 비계 설정을 효과적으로 하는 방법으로 다음 세 가지 전략을 꼽을 수 있다.

첫 번째 방법은 활동 이해 질문(Instruction Checking Questions; ICQ)이다.

학생이 꼭 알아야 할 지침을 단순한 질문으로 일깨워 주는 것이다. 단순한 질문에 답을 하면서 스스로 무엇을 해야 할지 깨닫고 자신감 있게 활동을 수행한다. 예를 들어 온라인 플랫폼 소그룹 활동으로 '협력하는 자유 글쓰기'[14]를 한다고 가정해 보자. 교사가 학생들을 소그룹에 배정하고, 각 모둠 창에 방문하여 활동 진행 상황을 확인해 볼 수 있다.

어떤 모둠은 활발하게 쓰기 활동이 진행되는가 하면 또 다른 모둠은 어찌할 바를 몰라 침묵만 흐르기도 한다. 너무 조용한 모둠이라면 "어떤 주제로 글을 써 보면 좋을지 이야기 나누어 보았나요?"라고 활동 이해 질문을 던지고 "아니오"라는 답변이 돌아온다면 "요즘 여러분이 가장 관심 있는 일이나 주 관심사는 무엇인가요?"하고 물어보면서 주제 찾기를 돕는다. 이처럼 활동 이해 질문은 어떻게 시작해야 할지 막막한 학생들에게 해야 할 일들을 일깨워 주어 스스로 과업을 달성할 수 있도록 한다.

---

12) Lange, 2011. 참조
13) Lange, 2011. 참조
14) 주제 선정부터 구성, 글을 쓰고 퇴고하는 모든 과정을 모둠별로 진행하는 활동.

두 번째 방법은 시각 자료의 활용이다.

그림, 마인드맵, 인포그래픽, 차트, 사진과 같은 시각 자료는 효과적인 대화형 비계 설정 도구의 역할을 한다. 이러한 도구는 아이디어와 개념을 시각적으로 제시하고 정보를 정리하며 다양한 개념들의 관계를 표시하도록 도와준다. 복잡한 개념을 시각적으로 표현하는 활동은 학생들이 새롭고 까다로운 정보를 쉽게 이용하고 다룰 수 있도록 돕는다.[15]

마지막으로 수업 전 핵심어를 소개하는 방법이다.

수업 내용과 관련된 핵심 어휘는 교육에서 중요한 요소이며, 학업 성취도에 직접적인 영향을 미친다. 단어는 학생들이 이미 알고 있는 흥미로운 것들과 연관시키면서 맥락을 이해하는 데 도움을 주기 때문이다.

교사는 소그룹이나 짝 활동을 통해 수업 관련 핵심 단어를 토론할 시간을 할당한다. 그룹별로 사전 지식을 활용해 핵심어에 관해 토론한 후 교사의 도움을 받아 그룹에서 정리한 핵심어의 의미가 맞는지 확인해 볼 수 있다. 전체 학급 토론으로 확장하는 것도 비계 설정의 좋은 방법이다.[16]

---

15) Alber, R. (2021, January 24). 6 Scaffolding strategies to use with your students. Edutopia. Retrieved from https://www.edutopia.org/blog/scaffolding-lessons-six-strategies-rebecca-alber 참조
16) Williams, V. (2015, May). 7 ways to scaffold instruction for English language learners. NWEA. Retrieved from https://www.nwea.org/blog/2015/7-ways-to-scaffold-instruction-for-english-language-learners 참조

PART 2

Interactive
Online Collaboration

소통 창구, 효과적인

디지털 리터러시

 생으로서 나의 첫 온라인 수업에 대한 기억은 2000년대 초반으로 거슬러 올라간다. 온라인 수업이 흔치 않던 시절이었고, '인터넷 강의'라고 불렸다. 연구를 위한 기초 통계를 배우기 위해 이곳저곳을 알아보다 온라인으로 편하게 수강할 수 있을 것 같아 강의를 신청했다.

온라인 강의 플랫폼에 30개 정도의 녹화 수업이 한꺼번에 업로드되어 있었고, 6개월 동안 무한 반복으로 수강 가능하다는 점이 가장 큰 매력으로 다가왔다. 수강 신청을 할 무렵에는 의욕에 가득 차 있어 몇 번이라도 복습하며 모든 내용을 섭렵할 수 있겠다는 마음가짐이었다. 하지만 사람의 의지가 언제 그리 꾸준하고 강했던가? 시스템에서 벗어나 오롯이 혼자 들었던 나의 첫 온라인 수업은 처절한 실패로 돌아갔다. 6개월이란 시간은 유수같이 흘렀고, 내가 들은 강의는 고작 3개의 녹화본에 불과했다.

그때 들었던 온라인 녹화 수업의 경우, 플랫폼에 올라와 있는 수업 영상 외에 다른 어떤 상호 작용도 없었다. 요즘은 녹화 수업일지라도 이메일, 온라인 게시판, SNS, 카카오톡 단톡방 등의 다양한 채널을 통해 교수자와 수강생의 소통이 이루어진다. 하지만 내가 수강한 녹화 수업의 경우 거의 교사 중심의 한 방향 수업과 비슷한 형식이었다.

온라인 녹화 수업은 학생들이 원하는 시간에 반복해서 들을 수 있는 장점이 있어 대학생들에게 인기가 높은 편이다. 그러나 즉시성이 낮아 스스로 공부하는 데 익숙하지 않은 학생들의 경우 강의 듣기를 무한대로 미룰 수 있어 수업을 따라가는 데 큰 어려움을 겪는 일이 다반사다.

이런 점을 고려해 볼 때 녹화 수업을 진행하려면 자기 주도 학습과 시간 관리에 대한 적절한 가이드라인이 필요하며, 교수자의 수업 멘토나 코칭을 병행하여 특정 학생들이 뒤처지지 않도록 도와야 할 것이다. 뿐만 아니라 토론 게시판이나 이메일 상호 작용을 원활하게 하여 학생들의 궁금증이나 어려움을 반드시 해소해 주어야 한다.

녹화 수업에 대한 실패 경험 때문인지, 개인적으로 실시간 온라인 수업을 선호하는 편이다. 실시간 온라인 수업은 잘 알려진 바와 같이 줌(Zoom) 또는 구글 클래스룸(Google Classroom)과 같은 온라인 플랫폼에서 학생과 교사가 실시간으로 만나 즉각적인 상호 작용으로 수업이 진행된다. 단, 안정적인 인터넷과 일정 성능 이상의 PC, 스마트폰, 또는 태블릿이 있어야 수업 참여가 가능하다. 학생들의 집중도가 15분을 넘기기 힘들어서 다양한 활동으로 학생들의 흥미도와 참여를 끌어내는 것이 수업 성공의 핵심이다. 교사의 일방적인 설명이나 강의는 꼭 필요한 만큼 간결화하고, 온라인 협업 활동, 소집단 토론, 질의응답, 발표, 게임 등으로 역동적인 수업을 구현하는 것이 꼭 필요하다.

특히 '실시간 채팅'이라는 상호 작용 통로는 실시간 온라인 수업의 꽃이라 할 만큼 중요하다. 몸짓, 표정, 말 등 대면 수업에서 가능한 여러 소통 방법이 온라인에서는 제한되는 만큼 문자 채팅 방식을 적극적으로 활용하면 소통이 효율적인 데다 온라인 대화를 힘들어하는 학생들도 채팅 토론은 쉽게 참여하는 경우가 많아 일거양득이다.

또 한 가지 명심해야 할 부분은 MZ 세대의 디지털 도구 사용 능력에 대한 오해다. 이들의 디지털 리터러시가 능숙할 것이라 착각하기 쉽지만 지난 2년 동안 온라인 수업을 진행하며 느낀 점은 'NO!'이다.

온라인 수업 중 협업 활동을 장려하기 위해 구글 도구를 비롯한 멘티미터, 잼보드, 니어팟, 퀴즐렛 등의 디지털 수업 도구를 사용했는데 생각보다 많은 학생이 힘들어했고, 도구 사용에 대한 자세한 설명을 요구했다. 아무리 MZ 세대라도 처음 접하는 도구는 낯설고 배울 시간이 필요하다는 것을 기억해야 한다.

심지어 거의 매일 사용하는 온라인 수업 플랫폼인 줌의 기능을 잘 몰라 스트레스를 받는 학생도 여럿이었다. 물론 온라인 수업 초반에 있었던 일이지만 화면 공유나 소그룹 참여를 어떻게 하는지 몰라 수업 중간에 설명했던 기억이 난다.

디지털 도구의 경우 PC나 모바일 중 어느 기기로 접속하느냐에 따라 사용 방법과 기능이 다르므로 이 부분에 대한 주의도 필요하다. 따라서 온라인 수업을 진행하는 교수자라면 학생들의 디지털 도구 사용 능력을 무조건 과신할 게 아니라, 사용법에 대한 안내서나 짧은 동영상을 제작해 사전 정보를 제공해야 한다.

이번 PART에서는 온라인 수업의 상호 작용성을 극대화할 수 있는 니어팟, 멘티미터, 패들렛 등과 같은 다양한 디지털 도구들에 대해 자세히 알아보도록 하겠다.

01

온라인 수업 팔방미인 니어팟

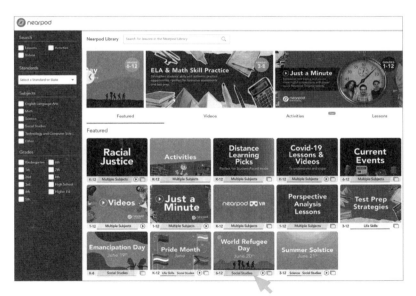

니어팟, 출처: 니어팟 공식 웹페이지

니어팟(Nearpod)은 교사가 대면·비대면 상관없이 학생 참여를 이끌어 낼 수 있는 상호 작용형 수업 도구이다. 교사는 니어팟에서 퀴즈, 설문 조사, 영상, 공동 작업 보드를 활용해 대화형 수업을 디자인할 수 있다.

니어팟에는 인증된 출판사와 교사가 만든 다양한 수업 자료가 탑재되어 있고, 무료 또는 유료로 이용 가능하다. 사전 제작된 수많은 수업 템플릿을 수정하거나 그대로 활용할 수 있으며, 교사가 가지고 있는 자료를 업로드하여 상호 작용을 촉진하는 수업 슬라이드를 제작하기에도 좋다.

클라우드 기반 플랫폼 니어팟

니어팟은 교사나 교육 기관이 대화형 가상 학습 및 협업 활동에 학생들을 참여시키고 평가할 수 있도록 지원하는 클라우드 기반 플랫폼이다. 니어팟이 교육에 최적화되어 있다면, 비슷한 기능을 제공하는 멘티미터는 프레젠테이션에 중점을 두고 있다는 것이 차이점이다.

학생들은 특정 코드를 입력하거나 링크를 통해 교사가 미리 만들어 놓은 수업 프레젠테이션에 접근할 수 있으며, 교사는 실시간 프레젠테이션(Live Presentation)을 클릭하여 수업을 시작한다. 교사는 니어팟의 다양한 기능을 활용해 수업을 설계할 수 있고, 학생들은 교사의 지원에 따라 지도나 다이어그램에 그림을 그리고 투표나 질의응답을 주

미래 교육 협동 수업이 답이다

고받으며 수업에 적극적인 참여를 할 수 있다. 객관식 퀴즈를 통한 상호 작용과 즉각적인 피드백도 가능하다.

니어팟에서 새로운 수업 자료를 만들기 위해 클라우드 내의 라이브러리에서 키워드를 입력해 자료를 검색하면 수업 준비가 훨씬 수월하다. 검색 시에는 수업과 활동, 동영상으로 검색 대상을 분류할 수 있을 뿐만 아니라 영어, 수학, 과학, 사회 등 과목별로도 구분되어 있다. 유치원에서부터 성인에 이르기까지 학생들의 연령대와 학년별로 검색할 수 있어 매우 편리하다.

'Lesson 만들기'로 들어가면 활동 및 콘텐츠를 추가할 수 있는데 슬라이드 제작 및 비디오, 웹 콘텐츠, 시뮬레이션, VR 현장 학습 등 다양한 자료가 마련되어 있다. 특히 팬데믹으로 인해 실제 현장 학습이 어려운 시기에 지리 및 문화 수업에 VR 현장 학습을 이용하면 간접 체험 수업이 가능하여 학생들이 학습을 훨씬 즐거워한다.

니어팟 내에서 선택할 수 있는 가상 현장 학습 장소는 450여 개에 달하기 때문에 선택의 폭도 넓은 편이다. 중국의 만리장성, 시드니 오페라 하우스, 타지마할, 세렝게티 국립공원 등 원하는 나라와 장소를 검색하면 손쉽게 찾을 수 있다. 학생들은 학습 영상을 보고 노트 필기를 할 수 있으며 이러한 모든 학생 학습 과정을 교사가 모니터링하여 도움을 줄 수 있다.

콘텐츠 부분에서 눈여겨볼 또 하나는 'BBC비디오 콘텐츠'이다. 영국BBC에서 제작된 다큐멘터리 영상을 환경, 건강, 역사, 리더십 등 여러 주제에 따라 분류해 놓았다. 짧막한 영상이기에 관련 수업에 활용하기에 부담이 없고, 고퀄리티의 영상이어서 수업의 질이 높아지는 효과도 누릴 수 있다.

만약 BBC비디오에 원하는 영상이 없다면 일반 비디오 기능을 이용할 수도 있다. 클라우드 기반인 만큼 다양한 콘텐츠들을 추가할 수 있도록 구성되어 있기 때문이다.

니어팟에서 제공하는 오리지널 동영상을 비롯하여 교사가 소장하고 있는 동영상 자료를 업로드할 수도 있고, 간편하게 유튜브로 검색할 수 있도록 연결되어 있기도 하다. 유튜브로 검색한 동영상은 저장하기 기능을 통해 추가할 수 있으며, 해당 영상에 활동을 추가하여 질문을 던질 수도 있다.

이렇듯 활동에 여론 조사를 추가하여 응답하는 방식은 니어팟을 활용하는 온라인 수업의 가장 큰 장점이다. 가령 학생들이 태양계의 행성에 라벨을 붙이고 기후 변화에 관한 여론 조사에 응답하도록 하거나, 실린더의 부피를 찾는 방법에 관한 비디오를 보고 개방형 질문에 답하기도 하며 각기 의미 있는 방법으로 수업 관련 상호 작용을 극대화할 수 있다.

만능 툴 니어팟 기능이 궁금하다

니어팟에서 가장 눈에 띄는 기능은 학생 스스로 학습을 주도하며 속도를 조절할 수 있는 '학생 조절 모드(Student-Paced mode)'이다. 이 모드

미래 교육 협동 수업이 답이다

를 통해 맞춤형 개별 학습이 가능하다. 학생의 수준과 연령에 관계없이 온라인 수업 툴로 활용 가능한 니어팟은 실시간 평가와 피드백, 평가 내용의 자동 저장 기능으로 바쁜 교사의 시간마저 절약해 준다. 더욱 좋은 것은 교실 안팎에서 연결된 문화를 구축하는 데 활용도가 높아 니어팟을 온라인 상호 작용 수업의 팔방미인이라 불러도 좋겠다.

니어팟 기능은 무궁무진하지만, 특징적인 기능 8가지를 중심으로 설명하고자 한다.

1) 상호 작용형 프레젠테이션

니어팟은 파워포인트나 구글 슬라이드를 대신해 사용할 수 있다. 니어팟에 탑재된 프레젠테이션 기능은 기존의 프로그램보다 교육적 상호 작용을 하기에 훨씬 쉽다. 니어팟의 '끌어서 놓기' 기능으로 구글 슬라이드, PDF 파일 및 파워포인트를 끌어다 놓기만 하면 즉시 니어팟 프레젠테이션 만들기가 가능하다. 다양한 활동이나 퀴즈, 평가를 선택하여 기존 자료에 병합한 후 상호 작용이 가능한 자료로 새롭게 전환할 수도 있다.

2) 학습 자료 공유

수업 중 교사와 학생 간, 학생과 학생 간에 학습 자료를 공유해야 하는 일이 빈번하게 일어난다. 니어팟을 이용하면 이러한 학습 자료의 공유가 쉽다. 수업 프레젠테이션을 이미지나 워크시트 형식으로 만들어 학생 노트 기능을 추가하면 학생들이 수업 후에 시험공부나 과제를 할 때 참고 자료로 사용하기 좋다.

3) 맞춤형 교육 자료 제공

학생들을 소그룹 또는 개인으로 분류하여 각 그룹이나 개별 학생이 필요로 하는 교육 자료를 링크나 코드를 전송하여 제공할 수 있다. 학생의 필요에 맞게 추가 학습 자료를 제공함으로써 자신의 수준에 맞는 개별 학습이 가능하도록 한다.

4) 실시간 형성 평가

니어팟 프레젠테이션에 간단한 퀴즈, 여론 조사, 매칭, 단답형 문제 등을 첨가하여 학생들의 이해를 실시간으로 확인할 수 있다. 이렇듯 간단한 평가를 거쳐 실시간으로 학생의 이해도를 파악하는 것은 대면이 힘든 상황에서 빠르게 수업 방법이나 내용을 전환, 수정할 수 있다는 점에서 큰 의미가 있다.

5) 지속적인 평가

학기 중에 니어팟을 통해 진행된 다양한 평가 결과들은 니어팟에 자동으로 저장된다. 개별 학생에 대한 평가 리포트를 PDF나 엑셀 파일로 다운로드하여 지속적인 평가 자료로 활용할 수 있다. 이 총괄 데이터는 학생의 학습 상태를 파악하는 데 대단히 효과적이며 교사는 채점 시간을 절약할 수 있다.

6) 자체 평가

학생이 자신의 학습 상태와 이해도를 스스로 모니터링하는 것은 성취도 향상을 위해 대단히 중요한 요소이다. 이것이 제대로 이루어져야 메타인지가 활성화되는 것은 더 말할 필요도 없다. 니어팟의 '설문 조사' 기능과 '신호등 시스템(Traffic Light System)'을 이용하면 간단하게 학습 셀프 모니터링을 할 수 있다.

신호등 시스템은 수업 내용의 이해도와 자신감 정도를 빨간색, 노란색, 녹색으로 표현하게 되어 있다. 빨간색은 자신감 부족을, 황색은 수업 내용을 보통 수준으로 이해했고 자신감도 나쁘지 않음을 나타내며, 녹색은 주어진 학습을 매우 잘 이해했고 자신감 또한 높음을 표시한다.

학생들이 자신의 이해 정도를 신호등 시스템으로 표현하면 성적 보고서에 저장되고 교사는 이를 확인한 후 추후 수업 방향을 결정할 수 있다.

7) 화이트보드 기능

니어팟의 프레젠테이션에는 '그리기(Draw It)'기능이 있다. 학생들의 기기에 화이트보드 형태로 나타난다. 교사의 기기에는 학생들의 그리기가 모두 표시되며 개별 학생의 화이트보드를 전체 학급과 공유할 수 있다. 공유를 클릭하면 선택 옵션이 나타나는데 교사는 이 기능을 이용해 좋은 예시를 학급에 소개하면서 수업을 지원하면 된다.

8) 개방형 질문

니어팟의 '개방형 질문' 기능은 교사가 질문을 던지면 학생들은 창의적이고 유연한 답변을 할 수 있다. 학생들이 쓴 글이 자동으로 저장되므로 모니터링과 피드백도 가능하다.

팬데믹 이후 교육계는 아무런 준비 없이 유치원에서부터 대학에 이르기까지 전면 온라인 수업 전환이라는 난관에 봉착했다. 이에 오프라인 수업에서 진행하던 방식의 수업을 온라인의 특수성을 고려하지 않은 상태에서 그대로 가져온 사례가 많았다.

완전히 달라진 학습 채널과 환경을 학생들이 어떻게 받아들이고, 수업에 임할 것인지에 대한 논의나 고민이 부족한 수업일 수밖에 없었다. 준비 기간을 가졌다고 해도 급작스럽게 다가온 팬데믹은 교사와 학생, 학부모 등 여러 관계를 살펴볼 만큼 여력이 없었을 것이다.

이런 상황에서 올인원 에듀테크로 평가받는 니어팟은 온라인 수업 설계의 어려움을 손쉬운 방식으로 해결할 수 있도록 했다. 이미 탑재되어 있는 방대한 양의 콘텐츠와, 비록 온라인상이지만 학생들이 경험할 수 있는 온라인 액티비티를 선택해 구성하는 것만으로도 학생 주도형 온라인 수업 설계가 가능했던 것이다.

거기에 구글이나 마이크로소프트 계정과의 연동성을 바탕으로 구글 클래스룸, 구글 프레젠테이션 등을 교차 활용할 수 있다는 점도 매력적이다. 학생들의 수업 결과물을 데이터화 한 점은 평가 및 피드백에 효과적이어서 니어팟을 활용해 수업을 해 본 교사들은 콘텐츠 활용과 상호 작용에서 높은 평가를 한다.

미래 교육 협동 수업이 답이다

온라인 수업의 상호 작용은 단순히 교사와 학생 간의 소통에 있지 않다. 학생과 학생 간의 의견 교환을 통해 소속감을 느끼는가 하면, 다른 학생들의 의견을 비교하고 관찰하면서 스스로의 학습 단계를 성찰하는 도구가 되기도 한다. 학생과 학습 자료 간의 상호 작용도 무시할 수 없다. 교사가 제시한 동영상이나 이미지가 의도한 바대로 이해되고 있는지, 학습 자료의 전달이 제대로 이루어지는 환경인지 등은 학습에 중요한 요소이기 때문이다.

니어팟은 그런 의미에서 상호 작용의 끝판왕이라고 할 수 있다. 명확한 주제 의식이나 연령대에 따라 제시할 학습 자료가 무궁무진하고, 이를 이해하기 쉽게 구성할 툴까지 마련되어 있으니 말이다. 부디 니어팟이 온라인 수업의 유용한 파트너가 될 수 있기를 바란다.

02

학생 참여율 높이는 멘티미터

멘티미터, 출처: 멘티미터 공식 웹페이지

미래 교육 협동 수업이 답이다

멘티미터(Memtimeter)는 인터넷 연결만 된다면 어디서든 사용 가능한 '상호 작용형 프레젠테이션' 프로그램이다. 대면 또는 비대면 여부와 관계없이 청중이 실시간으로 발표에 참여하여 설문 조사, 퀴즈, 투표, 질의응답 등의 쌍방향 소통이 가능하다. 실시간 상호 작용이 큰 장점으로 작용해 최근 들어 많은 교사가 온라인 상호 작용 수업 보조 도구로 선택하고 있다.

멘티미터는 참여, 공유, 연결, 신속성, 그리고 소통 능력을 고루 함양할 수 있는 도구이다. 온라인 수업에 참여를 두려워하는 내향적인 학생들의 소중한 목소리를 듣고 싶은 교사에게 멘티미터의 사용을 권하고 싶다.

실시간 의견 수렴에 용이한 멘티미터

멘티미터는 구글 아이디와 연동되며 사용 방법이 간단하다. 로그인 후 'New Presentation(새 프레젠테이션)'을 클릭한다. 옆에 추가로 'New Folder(새 폴더)'가 뜨는데 이 기능을 활용해 프레젠테이션 자료를 정리할 수 있다.

New Presentation을 클릭하면 제목 작성 창이 뜬다. 이 창에 제목을 입력하고 'Create Presentation(프레젠테이션 만들기)'를 이용해 원하는 수업 자료를 만들 수 있다. 프레젠테이션 슬라이드와 함께 오른쪽 위 메뉴에 'Type(프레젠테이션 종류)', 'Content(내용)', 'Customize(맞춤형)' 등 3가지 옵션이 나타난다. 먼저 수업 내용과 활동의 특성에 따라 프레젠테이션 종류를 선택해야 한다.

프레젠테이션 종류에는 Multiple Choice(객관식 선택형), Word Cloud(단답형), Open-ended(주관식 서술형)가 있다. 원하는 종류를 선택했다면 내용을 작성하여 수업 자료를 만들면 된다. 정답 옵션의 입력을 끝내면 제한 시간을 설정하거나 이미지 및 부연 설명을 추가하는 것도 가능하다.

수업 자료가 완성되면 오른쪽 위의 'Share(공유)' 버튼을 누른다. 링크, 넘버 코드, QR 코드 형태의 공유 방식이 있다. 링크를 복사해 학생들이 참여할 수 있도록 지원하는 것이 가장 보편적이고, QR 코드를 전달하는 방법도 편리하다.

공유가 완료되고 학생들이 교사가 만든 수업 프레젠테이션에 참여하여 답변을 입력하면 내용이 실시간으로 업데이트되어 교사가 확인할 수 있다. 멘티미터는 수업의 주된 도구로 사용되기보다 실시간 온라인 수업의 경우 줌이나 구글과 연계하여 진행되는 경우가 많다.

또한 브레인스토밍이나 생각 모으기 활동에 활용도가 높다. 실시간 수업의 경우 질문을 던지면 너도나도 의견을 말하는 통에 오디오가 겹치면서 혼란스러운 상황이 빈번하게 발생한다. 이럴 때 멘티미터를 활용하면 좋다.

예를 들어 실시간 수업 중 우리나라 역사에 대해 배우고 있다고 해보자. 온라인 수업의 특성을 고려하여 수업 전 '우리나라 하면 떠오르는 것은?'이라는 질문을 멘티미터를 통해 게시하고 학생들은 실시간으로 답변을 적어 넣을 수 있다.

이러한 활동은 멘티미터의 워드클라우드 탬플릿을 활용하면 참여자가 작성한 답변들이 실시간으로 워드클라우드 형태로 나타나기 때문에 한눈에 반응을 확인할 수 있다. 게다가 학생들이 동일한 답변을 할 경우 워드클라우드 내에서 폰트의 크기가 크고, 두꺼운 형태로 나타난다.

화면 공유를 통해 동시성을 가지고 함께 결과를 확인하는 과정에서 같은 답변이 많았다거나 비슷한 답변, 상반된 답변 등을 보며 자연스럽게 상호 작용이 이루어지고, 수업에 대한 흥미를 유발하여 원활한 수업 진행으로 이어지게 된다.

내향적인 성격도 오케이

멘티미터는 별도 프로그램 없이, 탑재된 온라인 편집기를 이용해 질문, 의견 조사, 퀴즈, 슬라이드, 이미지 등을 추가해 매력 있고 상호 작용이 활발한 수업 자료를 만들 수 있다. 학생들은 교사가 공유한 링크나 QR 코드를 통해 간편하게 로그인하여 질문에 답하거나 다양한 활동에 참여하고, 교사는 실시간으로 학생들의 참여를 확인하고 필요에 따라 피드백을 준다.

멘티미터의 활용 시 또 다른 이점은 수업을 마친 후 '내보내기'의 저장 및 공유 기능을 통해 상호 작용 내용을 모니터링할 수 있다는 점이다. 교사는 저장된 멘티미터 자료를 이용해 학생들의 반응과 학습 수준을 분석할 수 있어 다음 수업 준비에 큰 도움이 된다.

1년 넘게 온라인 수업을 진행하면서 '참여하는 온라인 수업 환경'을 조성하기 위해 그룹 프로젝트나 모둠 활동을 장려해 왔다. 학생 참여형 수업은 구성원 간 활발한 상호 작용을 바탕으로 수업 내용에 대해 깊이 이해하여, 사고와 경험의 확장이 이루어지는 수업을 말하는 것이다.

델파이 조사(Delphi Method)에서는 학생 참여형 수업의 특징으로 '학생의 능동적 학습, 학생의 사고력 증진, 교실 내 활발한 상호 작용, 수업 요소 중 일부를 학생이 직접 선택하는 기회 부여'를 꼽았다.

사실 학생들의 능동적인 참여를 끌어낸다면, 사고력 증진이나 활발한 상호 작용, 선택 기회 등은 옵션처럼 따라붙을 수 있다. 이미 심리적 환경이 조성되면서 수업이 활기를 띠기 시작하기 때문이다. 학생 참여형 수업의 대표적인 예가 그룹 프로젝트나 모둠 활동이며, 온라인 수업에서도 채택되고 있다.

이런 협업 활동을 할 때, 그룹 배정은 주요 요소이다. 학생들이 함께하고 싶은 팀원을 선택하기도 하고, 교사가 분류해 주기도 한다. 교사가 그룹을 배정해 주는 경우, 다소 갈등이 발생할 수 있고, 다른 모둠으로 옮기길 희망하는 학생이 꼭 생긴다.

교사로서 학생들이 친구나 가족처럼 활동하기 편안함을 느끼는 안전지대(Comfort Zone)를 벗어나, 여러 사람과 협력하고 협상하는 법을 배우기 원하지만 이런 참여가 고민스러울 정도로 불편한 학생도 있기

미래 교육 협동 수업이 답이다

마련이다. 이럴 때는 온라인 플랫폼의 '소그룹 자동 할당' 기능이 지혜로울 수 있다. 어차피 누군가의 개입 없이 평등하게 이루어지는 자동 할당 방식이기 때문에 별다른 이견 없이 능동적 참여를 독려할 수 있기 때문이다.

학생들은 온라인상에서 전에 없던 모습을 보이기도 한다. 학급 전체 토론을 할 때 비디오나 오디오를 켜고 참여하는 일이 거의 없었던 학생이 온라인 단체창에서는 활발하게 답변하는 모습이 그 예가 되겠다. 온라인상에서 언어 참여는 두렵지만, 글로 참여하는 것에는 스스럼이 없어 적극적으로 돌변하는 것이다.

간혹 소그룹 활동이 힘들어 개인 상담을 요청하는 학생이 있다. 이런 경우 보통 다른 사람과 협력하는 것의 중요성을 친절하게 설명해 주고 잘 맞지 않는 사람과 부딪히면서 합의점에 도달하는 법을 배울 수 있도록 조언한다. 협력하고 협상하며 공동의 목표를 이루어 나가는 일은 성공적인 인생을 위해 꼭 배워야 할 주요 과업이기 때문이다. 그뿐만 아니라 협동적 수행 역량이 향후 미래 사회에 필수적인 역량으로 손꼽히기도 한다.

하지만 개인 활동을 선호하는 학생들이 한껏 의견을 내놓고 재능을 펼칠 수 있게 해 주는 것도 필요하다. 교사의 중요한 역할 중 하나가 수업의 다양성을 추구해, 성향이 다른 학생들의 욕구를 채워 주면서 약점은 개선되고 성장하도록 안내하는 일이다.

멘티미터는 내향적인 학생들의 학습 스타일을 존중하고 교실 참여도를 매끄럽게 높여 주는 훌륭한 도구이다. 멘티미터에서 이루어지는 온라인 포스팅을 통한 소통은 언어 발표가 두려운 학생들에게 안정감을 주어 깊이 있는 질문과 답변으로 수업에 참여하게 한다.

또한, 멘티미터는 학생들이 다른 사람들의 의견과 질문에 귀를 기울이도록 장려한다. 우리는 개인 방송이나 SNS 계정 등의 영향으로 자기 생각만을 주장하는 일방통행식 대화가 표준인 시대에 살고 있다. 이런 시대에 깊은 경청을 촉진하는 수업 환경을 마련할 수 있다는 것만 해도 의미 있는 경험이 아닐 수 없다.

미래 교육 협동 수업이 답이다

03

포스트잇 게시판 패들렛 활용하기

패들렛(Padlet)은 쉽게 말해 학생과 교사가 온라인상에서 공유할 수 있는 '포스트잇 게시판'이다. 패들렛 앱을 스마트폰에 설치하거나 패들렛 웹사이트로 접속하면 된다. 링크만 알고 있다면 언제든 포스팅을 할 수 있다. 익명 포스팅도 가능하여 번거로움 없이 사용하기 쉽고 편리하다.

교사가 패들렛 계정을 개설하고 보드를 만든다. 각 패들렛 보드는 고유의 링크가 있어 이를 학생들과 공유하면 학생들은 교사가 공유한 패들렛 링크로 접속할 수 있다. 패들렛 보드에 들어온 학생들은 오른쪽 하단의 '플러스(+)' 버튼을 클릭하여 작은 스티커 메모를 추가하면서 활동하면 된다. 게시된 포스팅은 링크로 접속 가능한 다른 학생이나 교사가 함께 볼 수 있다. 학생들의 경우 계정 없이 손님으로 포스팅이 가능하다.

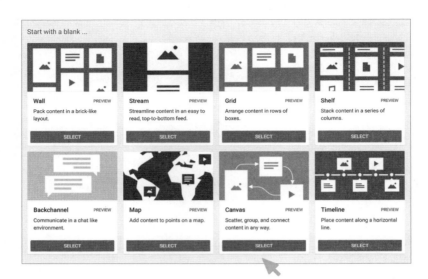

패들렛, 출처: Padlet 공식 웹페이지

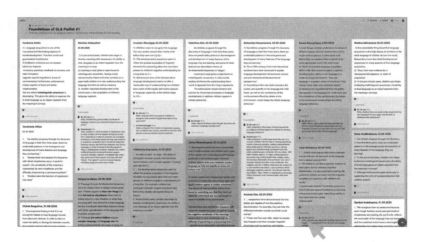

패들렛 수업 활동 예시

미래 교육 협동 수업이 답이다

이러한 간단한 사용법이 패들렛의 최강점이다. 디지털 방식이 익숙하지 않은 교사라도 큰 부담 없이 사용법을 익혀 온라인 상호 작용이 가능하다.

당연한 이야기겠지만 온라인 협업 도구에 대한 교사의 리터러시가 높아지면 온라인 수업의 질은 동반 상승한다. 비교적 간단한 방식으로 수업 설계가 가능하다면 이를 십분 활용하여 학생들의 학습 동기를 자극하는 한편 교사와 학생 간의 상호 작용이 활발하게 이루어져 대면 수업 못지않은 효과를 낼 수 있으리라 기대한다.

패들렛의 기본 기능 이해하기

무료 계정으로 사용할 것이라면 최대 5개까지 패들렛을 사용할 수 있다. 하지만 온라인 수업 시 자주 활용하다 보면 5개로는 부족한 경우가 많아 멤버십을 유료로 업그레이드하는 편을 추천한다. 부담된다면 기존의 패들렛을 삭제하면 된다.

패들렛에는 총 8가지의 서식이 있다. 서식마다 어떤 형태로 배열되는지가 그림으로 표시되어 있지만 간략하게 설명하면 다음과 같다.

'담벼락'은 벽돌 형식의 레이아웃으로 콘텐츠를 담는다. 게시물 내용의 분량에 따라 순차적으로 배열된다. '캔버스'는 콘텐츠를 마음대로 흩거나 그룹화하고, 마인드맵처럼 화살표로 연결할 수 있다.

'스트림'은 페이스북이나 인스타그램, 블로그와 같이 하향식 피드 형태이다. 콘텐츠를 읽기 쉽고, 위아래로 옮겨가며 자연스러운 흐름으로 배치할 수 있다. '그리드'는 담벼락과 비슷하지만, 게시물 내용의 분량과 상관없이 일자로 줄지어 박스가 배열되어 담벼락보다 읽기 쉽다.

'셸프'는 컬럼 형태로 상단에 노출된 주제에 따라 콘텐츠를 쌓아 배치한다. '백채널'은 채팅창과 같은 환경에서 의사소통할 수 있다. '지도'는 지도상의 지점에 콘텐츠를 추가 배치할 수 있다.

'타임라인'은 가로선을 이용해 내용을 배치하므로, 시간과 사건별 흐름에 따라 내용을 정리할 수 있다. 시간의 흐름에 따른 역사적 사건을 나열한다든지 여행 계획 혹은 진로 계획 등의 작성에 용이하다. 8가지 서식을 이해하고 나면 패들렛을 어떻게 활용할지가 선명해진다.

또한 패들렛은 그림 또는 사진을 첨부할 수 있는데, 비대면 상황에서 '자기소개' 활동을 하는 데 적합하다. 방법은 강의를 수강하는 학생들이 자신의 사진과 함께 일정한 양식의 자기소개 질문에 답을 달아 게시하도록 하는 것이다.

나도 학기 초가 되면 '패들렛 자기소개'를 통해 학생들과 라포를 형성한다. 이름, 생년월일, 취미, 좋아하는 책, 즐겨보는 TV 프로그램, 좋아하는 음악이나 가수, 즐겨 먹는 음식, 혈액형, MBTI 유형 등 학생들이 궁금해하는 질문을 모은 후 양식을 만들어 전달한다. 일주일의 여유를 주고 패들렛에 자기소개를 포스팅하도록 하면, 학생들은 창의적인 소개와 함께 다른 친구들과의 소통도 시작된다.

일주일 후 모든 학생이 사진과 함께 질문에 대한 답변을 정성스레

미래 교육 협동 수업이 답이다

작성해 올려둔 것을 확인할 수 있었다. 학생들이 왜 교수님은 올리지 않으셨냐며 핀잔을 주는 바람에 나도 엉겁결에 상세한 내 소개를 해야만 했다.

교사뿐 아니라 학생도 패들렛을 확인할 수 있으므로 비대면 상황에서 친구들을 알아 가는 좋은 기회가 되었다. 나중에 학생들에게 들어 보니 좋아하는 책이나 음식, 가수 등이 겹치면 협동 수업 시 공통의 관심사와 관련된 이야기를 꺼내면서 어색한 사이를 좁혀갈 수 있었다고 한다. 패들렛을 활용한 자기소개가 학생들 간의 상호 작용에 기폭제로 활용되었던 좋은 사례이다.

이 외에도 수업의 주제나 상황에 맞게 패들렛을 활용할 수 있는데 다음에서 소개하는 활용법이 도움이 되기를 바란다.

재미있는 패들렛 활용법

패들렛은 교사-학생 간 또는 학생-학생 간 상호 작용을 촉진하는 데 유용하며 재미있는 도구이다. 온라인 협동 수업을 위한 패들렛 활용법을 소개하자면 다음과 같다. [17]

---

17) "30 creative ways to use Padlet for teachers and students", BOOKWIDGETS TEACHER BLOG, last modified Aug 09, 2017, accessed Jun 30, 2021, https://www.bookwidgets.com/blog/2017/08/30-creative-ways-to-use-padlet-for-teachers-and-students

1) 브레인스토밍

학생들이 토론해야 하는 주제나 완수해야 하는 프로젝트가 있다면 패들렛 보드에 자신의 아이디어와 의견을 공유한다. 계정에 들어온 모두가 의견을 확인할 수 있어 서로에게 피드백을 주고받는 과정을 거치며 학습 전체 토론으로 발전시킬 수 있다.

이때 교사는 아이디어를 분류하고 결합하여 새로운 아이디어가 나올 수 있도록 유도하면 좋다. 뿐만 아니라, 교사가 학생 개인의 포스팅에 댓글을 달아 직접적인 피드백을 주고받을 수 있어 교사-학생 간 소통에도 효과적이며 동기 부여가 된다.

다만 학생들이 서로의 포스팅에 비판적이거나 조롱하는 투의 댓글을 달지 않도록 규칙을 정하는 것이 좋고, 최종적인 토론이나 프로젝트가 완료되기 전까지 적극적인 참여를 유도해야 한다.

2) 라이브 문제 은행

온라인 수업에서는 동작이나 행동과 같은 비언어적 요소들이 제한되기 때문에 대면 수업에 비해 내용의 이해도가 떨어진다. 더군다나 온라인 수업 중 질문을 하기도 쉽지 않다.

이런 상황을 해결하기 위해 패들렛을 활용할 수 있다. 일명 '라이브 문제 은행'이라고도 불리는데, 이해가 잘 안 되어 설명이 필요한 부분에 대해 질문을 작성하여 패들렛 포스팅으로 공유하는 것이다.

교사는 수업을 조금 일찍 마치고, 패들렛에 업로드된 질문들을 전체 학급과 검토하며 답해 준다. 패들렛 포스팅은 익명으로도 가능하므

미래 교육 협동 수업이 답이다

로 질문을 두려워하거나 수줍음이 많은 학생도 쉽게 참여할 수 있다.

3) 학생 작품 모으기

패들렛을 학급 전시관으로 이용할 수 있다. 어떤 주제나 기사, 또는 연구에 대해 학생들이 수집한 자료를 포스팅하게 하는 것이다. 예를 들어 '시인 윤동주'에 대해 공부할 경우 학생들은 윤동주 시인에 대한 여러 가지 자료를 찾을 수 있다. 이미지, 오디오, 비디오, 텍스트 등 여러 형태의 자료들을 패들렛에 올리면 이 패들렛 보드는 윤동주 시인에 관한 전시회가 된다.

만약 '음식'에 관한 주제로 수업을 한다고 하자. 학생들에게 각자 단골 식당에 가서 가장 좋아하는 메뉴를 사진 찍어 오도록 하고 같은 방식으로 패들렛에 사진을 포스팅하면 된다. 온라인 수업이지만 다채로운 소통 가능성을 엿볼 수 있다.

4) 온라인 학생 포트폴리오

패들렛은 학생 포트폴리오 도구가 되기도 한다. 모든 학생을 위한 패들렛 보드를 만들고, 각 학생은 자신의 보드에 과제, 기사, 프로젝트를 포스팅한다. 그러면 교사는 개별 학생과 소통하며, 피드백을 주고 학습을 지원할 수 있는 것이다. 또한 포트폴리오에 추가하고 싶은 내용이 있다면 패들렛 보드에 저장하기만 하면 되어 매우 편리하다.

5) 수업 퇴장 티켓

온라인 수업이 지속되면서 학생들이 제대로 수업 내용을 이해하고 있는지 점검하고 파악하는 데 어려움이 있다. 이때 패들렛 '수업 퇴장 티켓'을 활용하면 학습 상태를 점검하고, 다음 수업을 준비하는 데 도움이 된다. 방법은, 온라인 수업을 마치기 전에 수업 관련 포스팅을 하나씩 공유하는 것이다. 이 포스팅 자체가 퇴장 티켓이 된다. 퇴장 포스팅에 교사가 활용할 수 있는 질문은 다음과 같다.

- 오늘 수업의 키워드 3가지를 적어 보세요.
- 오늘 배운 내용에서 퀴즈 2개를 만들어 포스팅하세요.
- 수업에서 가장 어려운 내용은 무엇이었나요?
- 다음 수업에서 복습했으면 하는 부분은 무엇인가요?
- 오늘 수업을 한 문장으로 요약하여 적어 보세요.
- 오늘 수업 중 가장 재미있었던 활동을 선택한다면 무엇이며, 그 이유는?

6) 아이스 브레이크 게임

컴퓨터 앞에서 단번에 학생들의 집중도를 끌어올리기란 쉽지 않다. 학생들의 주의 집중을 위해, 본격적인 수업 시작에 앞서 간단한 게임으로 아이스 브레이크를 시도해 보면 좋다.

한 예로 패들렛을 이용한 '2개의 진실과 1개의 거짓말' 게임이 있다. 소통이 어려운 학생들 간에 서로를 알아 가는 기회가 되기도 하며 방법은 간단하다. 학생들이 개인의 사진과 함께 자신에 대한 2개의 진실과 1개의 거짓말을 패들렛 포스팅에 붙인다. 그러면 다른 학생들이 각 포스팅을 보고 거짓말을 찾아내는 게임이다. 먼저 교사가 자신의 사진을 올려 진실과 거짓을 찾게 유도하면 흥미도를 올릴 수 있고, 게임에 대한 이해가 쉬워진다.

7) 수업 마지막 날 서로에게 칭찬하기

한 학기의 작별 인사를 패들렛으로 해 보자. 학생들이 자신의 사진을 패들렛 포스팅으로 올리고, 돌아가며 최소한 한 가지 칭찬을 사진 아래에 댓글로 쓰는 것이다. 누구든지 칭찬받는 것을 좋아하기 때문에 수업 마지막 날에 하기 좋은 활동이다.

8) 생각지도

교사는 패들렛에서 다양한 레이아웃을 설정하여 보드를 만들 수 있다. 이 중 '플로우맵', '트리맵', '원형맵' 옵션이 있는데, 이러한 옵션들은 소그룹 협업 활동을 위한 준비 작업으로 소그룹별 브레인스토밍을 하면서 마인드맵을 만들기 유용하다.

마인드맵은 생각의 흐름과 내용을 정리해 주기 때문에 소그룹 프로젝트를 완수하는 데 도움이 된다. 물론 개별 활동에서도 학생 개인이 생각을 정리하고, 생각의 흐름을 한눈에 살펴보고자 한다면 생각지도를 활용할 수 있겠다.

9) 독서 활동

한 학급이 같은 책을 읽거나 다른 책을 읽을 경우, 패들렛을 이용하여 독서 활동을 기록할 수 있다. 같은 책을 읽을 경우, 교사가 등장인물, 사건 전개, 숨은 의미, 줄거리, 반전 등에 대한 질문을 던져 토론을 촉진하면 상당히 재미있다. 각 학생이 다른 책을 읽을 때도, 자신이 읽는 책을 소개하고, 좋은 구절을 나누는 장으로 활용할 수 있겠다.

10) 선행 지식

패들렛은 학생들의 선행 지식 확인에도 유용하다. 다음 주 수업 내용이 '2차 세계 대전'이라고 가정해 보자. 학생에 따라 2차 세계 대전에 대한 사전 지식이 천차만별일 것이다.

학생들의 수준을 미리 파악하여 수업 수준을 조정하려면, 패들렛 보드에 학생들 각자 2차 세계 대전에 대해 알고 있는 내용을 이미지, 비디오, 텍스트 등을 이용해 포스팅하는 사전 활동을 진행해 보면 좋다. 개별 학생들은 패들렛에서 다른 친구들의 포스팅을 보며, 학생-학생 간 상호 작용을 자연스럽게 경험하고, 교사는 학생들의 선행 지식을 파악할 수 있으니 일거양득이다.

11) 인용문 분석

교사가 수업 내용 관련 인용문을 하나 포스팅하고 학생들에게 인용구의 의미나 숨은 뜻에 대해 패들렛에서 토론하게 해도 좋다. 특히 수업 전 활동으로 이용해 볼 수 있다.

미래 교육 협동 수업이 답이다

12) 패들렛 이야기방

교사 또는 한 학생이 이야기의 프롬프트(prompt)를 올리고, 다른 학생들이 이어진 포스팅을 통해 이야기를 만들어 나갈 수 있다. 영어 글쓰기로 이어 가도 재미있는 활동이 된다. 부담 없이 한 문장이라도 쓰도록 격려하고 재미있는 상상의 나래를 펼칠 수 있도록 응원해 보자. 모든 학생이 한 포스팅씩 참여 후 전체 스토리를 학급이 함께 나눈다면 신나는 온라인 협업 활동으로 확장된다.

13) 생일 축하

대면이든 비대면이든 패들렛에서 생일 축하를 할 수 있다. 생일을 맞이한 학생은 패들렛에 꼭 이루고 싶은 소원이나 받고 싶은 선물을 이미지와 함께 포스팅한다. 다른 학생들은 동영상, 음성 또는 다양한 그림 등을 사용해 생일 축하 메시지를 올리면, 근사한 '패들렛 생일 파티'가 이루어지는 것이다.

온라인 수업이 지속되는 경우 학생들이 소속감을 느끼지 못하고 친구들과의 관계 형성이 어려운데, 패들렛을 통한 생일 축하 활동은 친목 유지에 도움이 된다.

14) 우리 반 소식지

패들렛 그리드 하나를 교실 소식지로 활용할 수 있다. 이 공간에서는 학급의 모든 학생이 기자이다. 학급 관련 사건과 사고, 휴일, 학교 행사 등 다양한 일들을 포스팅하여 링크를 공유하기만 하면, 부모님이나 전체 학교와 연결된 훌륭한 우리 반 소식지가 탄생한다.

15) 나의 하루 운동

학생들의 신체 건강을 위해 즐겁게 운동하고 친구들과 서로 인증하는 공간으로 패들렛 그리드를 꾸며 볼 수 있다. 어떤 운동이든 좋고 운동하는 사진이나 운동화, 운동 기구, 운동 장소 등을 시간이 기록되는 타임스탬프 앱을 이용해 사진을 찍어 패들렛 보드에 올리도록 해 보자. 학생들은 서로를 격려하며 자신의 하루 운동을 즐거이 이어 갈 수 있을 것이다.

패들렛은 그 활용 범위가 워낙 광범위하여 온라인 협동 수업에 한 번 활용한 교사들은 반복적으로 사용하는 경우가 많다. 이미 8개의 정형화된 서식이 있으므로 교사의 입장에서도 다양하게 적용할 수 있다. 수업 시 활발한 상호 작용을 원한다면 가급적 댓글 및 반응 정도를 활성화해 학생들이 타인의 의견에 대해 적극적으로 반응할 수 있도록 독려하는 것이 좋다.

또한 저학년을 대상으로 수업하는 교사라면 콘텐츠 필터링 기능을 활용하여 학생들의 비속어 사용이나 과도하게 비난 섞인 반응을 제어할 수 있으니 참고하길 바란다.

04

자유로운 화상 앱, 플립그리드

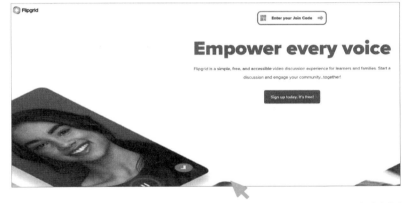

플립그리드, 출처: Flipgrid 공식 웹페이지

MZ 세대는 텍스트보다는 영상을 선호한다. 짧지만 빠르고 강한 임팩트를 가지고 효과적으로 정보를 습득할 수 있기 때문이다. 따라서 온라인 수업에 활용되는 디지털 도구 역시 이러한 특징을 반영할 필요가 있는데, 그런 면에서 플립그리드(Flipgrid)는 안성맞춤이다.

플립그리드는 교사-학생 간 또는 학생-학생 간 온라인 화상 소통을 쉽게 해 주는 교육용 앱이다. 교사가 계정을 만들어 주제별로 그리드를 생성하면 학생들이 링크와 암호를 사용하여 그리드로 접속해 비디오 응답을 게시할 수 있다. 다양한 필터와 도구를 사용하여 텍스트, 스티커, 화면 기록 및 자막과 번역까지 제공된다.

간단한 플립그리드 참여

플립그리드에 소통 공간을 마련하기 위해 교사가 먼저 해야 할 일은 각 그리드 내에 주제가 담겨 있는 프롬프트 동영상을 만드는 것이다. 즉 교사의 지시가 담긴 동영상을 보고, 이에 대한 답으로 학생들은 각자 동영상을 제작하여 업로드하는 방식이다. 텍스트로 전달되던 과제가 동영상으로 바뀌었다고 생각하면 쉽다.

교사는 수업의 특성에 맞게 그룹을 설정한 후 참석자를 초대한다. 학생의 이메일 주소를 입력하거나 교사가 미리 참석자 학생의 이름을 입력해 두면, 해당 학생은 이름을 적고 바로 들어올 수도 있다. 구글 클래스룸을 사용하고 있다면 연동하는 것도 가능하다.

플립그리드의 최강점 중 하나는 보안이다. 교사가 초대한 학생만 해당 그룹의 영상 및 자료에 접속할 수 있다. 심지어 업로드된 영상이나 자료의 다운로드도 교사가 어떻게 설정하느냐에 따라 허용과 금지가 결정되기 때문에 보안성이 좋다.

하지만 학생에 따라 카메라에 찍히는 것을 불안해하거나 꺼릴 수 있으므로, 교사는 영상을 활용한 수업에 대해 불만이 없는지 먼저 확인하면 좋겠다. 이미 수업 설계가 되어 있다면 원활한 소통을 위해 플립그리드 게시 영상에 대한 명확하고 유연한 지침을 설정하여 모든 학생이 불편함 없이 참여할 수 있도록 지원해야 한다. 가령 '마이크 전용' 기능으로 음성 파일 제출을 허용한다거나, 얼굴을 스티커나 이모티콘으로 가려 제출할 수 있도록 한다면 학생들이 부담을 덜고 좀 더 즐거운 마음으로 참여할 수 있을 것이다.

플립그리드 참여는 간단하고 편리하다. 그룹에 생성된 URL을 복사하여 학생들에게 공유하기만 하면 손쉽게 참여할 수 있다. 즉석에서 바로 동영상이나 음성 파일을 제작하는 기능도 있고, 녹화한 동영상을 업로드하는 방법도 있다.

녹화 기능을 이용해 바로 동영상을 제작하는 경우 학생들은 녹화 시작하기 전 '스티키 노트'를 이용하여 짧은 개요나 요점을 입력한다. 또한 일시 중지, 잘라내기, 다시 녹음하기 등의 동영상 편집 기능이 내장되어 있어 학생들이 원하는 맞춤형 동영상 제작이 가능하다. 동영상 길이는 15초에서 최대 10분까지이며 의도와 목적에 맞게 동영상 길이를 비롯해 다양한 환경을 설정하여 운영할 수 있다.

예를 들어, 교사가 수업 후 학생들의 이해도를 플립그리드를 통해 점검하고자 한다고 가정해 보자. 이 경우 교사가 원하는 것은 완벽한 발표가 담긴 동영상이 아니다. 1분 정도의 짧은 영상이나 녹음 파일 형태로, 학생들이 오늘 수업을 요약하는 것이면 충분하다. 학생들에게 이러한 의도를 명확히 알려 주고 동영상 시간을 1분으로 조정해 놓으면 좋다. 학생들은 더 긴 동영상은 게시할 수 없게 되고, 교사가 과제 확인하는 시간도 절약된다. 이렇게 학생들이 업로드한 동영상이나 음성 파일로 수업 이해 정도를 점검할 수 있으며, 개별 코칭이나 피드백도 줄 수 있다.

성공적인 온라인 수업의 핵심은 상호 작용에 있다. 교사와 학생 간의 신뢰 관계가 우선하여 형성되어 있지 않으면 상호 작용은 기대하기 어렵다. 하지만 활발한 상호 작용은 교사의 피드백으로 더욱 활성화되는 특징이 있어 교사는 피드백 제공에 정성을 기울일 필요가 있다.

플립그리드를 활용하면 교사-학생 간 소통에 매우 유용하며 맞춤형 수업을 실현하게 해 준다. 다만 기억해야 할 것은 학습 목표가 명확하고, 학습해야 할 주제가 있는 수업이라면 교사의 피드백이 학생의 감정적 부분을 위로하거나 공감하는 데에만 머물러서는 안 된다는 것이다. 학생이 직면한 학습적 문제를 해결하는 데 어떤 도움을 줄 것인지까지 심도 있게 확장되어야 한다.

플립그리드는 학생-학생 간 소통에도 유용하다. 학생들끼리 또래 언어를 사용하여 피드백하고 설명을 주고받는 과장은 참여 의지를 높이는데도 긍정적 영향을 미친다. 이를 위해 학생들이 학급 친구들이 올린 동영상에 직접 댓글을 작성할 수 있도록 허용하는 것이 좋다. 이 세팅이 완료되면 학생들은 게시한 동영상에 대해 친구들의 피드백을 검토하여 새로운 아이디어를 생각해 볼 수 있다.

미래 교육 협동 수업이 답이다

끝으로 플립그리드 활동은 수업 중 실시간으로 이루어지는 것이 아니라 학생들이 충분한 시간을 가지고 자신만의 동영상을 만들어 게시하는 방법이기 때문에 개별 학생의 속도대로 스트레스를 받지 않고 학습할 수 있어 안정감 있는 학습 공간이 된다. 또한 많은 사람 앞에서 발표하거나 질문에 답하는 것이 두려운 학생들을 더 적극적으로 참여할 수 있게 한다는 사실은 플립그리드의 가장 큰 장점이라 볼 수 있다.

플립그리드의 다양한 활용

학생들의 참여를 통해 협동 수업이 가능하게 하는 플립그리드 활용 방법을 소개하면 다음과 같다.[18]

1) 게스트 초대석

게스트 모드를 사용하여, 교사들은 세계 곳곳에 다양한 사람들을 학급 토론에 초청할 수 있다. 게스트들은 자신들의 피드백 영상을 제작해 소통하면 된다. 게스트가 한 분야의 전문가일 경우 지식 확장과 함께 학생들에게는 동기 부여로 다가올 것이다.

---

18) Kathryn Nieves (January 27, 2020). "9 New Ways to Use Flipgrid in the Classroom" https://www.edutopia.org/article/9-new-ways-use-flipgrid-classroom 참조

또한 학생들의 진로 상담을 위해 각 분야에 종사하는 게스트들을 초청하여 플립그리드 내에서 학생들의 질문에 답변하는 방식으로 생생한 진로 지도를 해 줄 수 있다. 이런 식의 수업은 온라인 수업에 대한 학생들의 흥미도를 높이는 좋은 계기가 된다.

특히 과목 간 경계를 허물어 통합적 사고를 하도록 만드는 수업도 가능하게 한다. 예를 들어 역사 시간에 일제의 침략과 독립운동에 대해 배웠다고 하자. 교사는 "자, 오늘 일제 강점기의 독립운동에 대해 배웠죠? 이어서 국어 선생님을 초대해 일제 강점기에 활동했던 문인들의 작품을 배워 보겠습니다."라며 자연스러운 흐름 안에서 역사 과목을 국어 과목으로 전환한다. 온라인이기에 가능한 융합 수업의 예시이며, 장차 미래 학교에서 이루어질 학습 모델이라 할 수 있다.

2) 믹스테이프 제작

믹스테이프(Mixtape)는 다양한 영상을 조합하여 하나의 비디오 파일로 만드는 것을 일컫는다. 교사는 어떤 학생의 영상이든 선택하여 믹스테이프에 추가할 수 있으며 학급 전체와 공유할 수 있다.

이 믹스테이프는 학기가 마무리될 무렵에 학급의 소중한 추억이 담긴 영상이 되기도 하고 특정 주제에 대한 각 학생의 의견이 담긴 학습 영상이 되기도 한다. 학기 말의 추억 소환뿐만 아니라 학생들이 배운 것을 기억하는 흥미로운 수단이 되기도 한다.

한 학교에서는 이 믹스테이프 기능을 이용하여 해당 반에 들어가는 각 과목별 교사가 학생들에게 영상 편지를 띄우는 방식으로 학습

미래 교육 협동 수업이 답이다

의지를 독려하기도 했다. 비대면 수업이 이어지면서 보고 싶어도 마주하지 못하는 아쉬움과 학교에 가지 않기 때문에 소속감을 잃어버린 경우가 많았는데, 교사들의 응원 메시지가 학생들의 학습 의욕 고취로 작용했던 것이다.

3) 감상과 피드백

수업 중에는 시간 제약으로 프로젝트나 과제에 대한 학생 간 피드백이 어려운 경우가 많다. 플립그리드를 사용하면 상당히 쉽고 빠르게 진행할 수 있다.

예를 들어 영어 수업 시간에 학생들이 가장 좋아하는 영시나 영어 명문을 낭독하여 게시하는 과제를 했다고 가정해 보자. 수업이 끝난 후에 학생들은 친구들의 영상을 확인하며 다양한 피드백을 주기도 하고 영상을 통해 멋진 시나 명문을 감상하는 시간을 즐길 수도 있다.

4) 학급 도우미

플립그리드를 통해 부득이하게 수업에 참여하지 못한 학생들을 위한 솔루션을 제공할 수 있다. 온라인 수업은 인터넷 연결이나 PC의 문제로 학생들이 의도와 상관없이 수업에 결석할 수 있고, 몸이 아프다거나 개인적인 사정으로 수업에 빠지는 학생들도 있다. 가뜩이나 온라인 수업으로 학습 결손 이야기가 나오는 상황이기에 결석한 학생을 그냥 지나치기 어렵다면 플립그리드가 도우미 역할을 톡톡히 해낼 수 있다.

결석한 학생들이 볼 수 있도록 수업의 주요 내용이나 전달 사항을 영상으로 남겨 도움을 주는 방식이다. 교사가 직접 할 수도 있겠지만 학급 내에서 이 역할을 담당할 도우미를 모집하거나 선출하여 플립그리드에 '오늘의 수업과 주요 공지' 영상을 게시하도록 하는 것이 좋다. 결석한 학생들은 놓친 내용을 빠르게 배울 수 있고 도우미 역할을 맡은 학생은 책임감과 함께 수업의 집중도를 높일 수 있다.

이런 활동은 학생들 간 활발한 소통을 촉진하고 원만한 관계를 형성하는 데에도 좋다. 다만 한 명의 학생이 학급 도우미를 오래도록 지속하면 부담이 될 수 있으므로 돌아가면서 도우미 역할을 하는 것도 고려해 볼 수 있다.

5) 영어 발음 클리닉

플립그리드의 가장 주된 특징은 동영상 업로드이다. 이러한 특징은 말하기와 듣기가 대단히 중요한 언어 수업에 유용하게 활용된다. 학생들이 특정 주제에 대한 스피치 파일을 게시하면 교사는 표현, 발음, 단어 선택 등에 대해 피드백을 줄 수 있다.

실제로 영어 말하기 분야 베스트셀러 『발음을 부탁해』의 저자 샤론 강은 플립그리드를 통해 수천 건의 무료 영어 발음 진단을 진행했으며 1:1 영어 발음 피드백도 제공해 주고 있다. 영어 발음의 경우 개인마다 문제가 다른 만큼 해결책도 다르다.

영어 발음 교정을 위해 문장이나 짧은 문단을 선정하여 각자의 낭독 영상을 업로드하고, 피드백을 받는 것이 가장 대표적인 방식이다.

미래 교육 협동 수업이 답이다

디즈니 애니메이션의 주제곡을 선정해 함께 배우고 이를 부르는 모습을 영상으로 올리고 발음을 교정하는 과정도 재미와 학습 효과를 동시에 보장한다. 플립그리드는 이러한 목적에 잘 맞는 온라인 수업 도구라 할 수 있다.

학령기에 있는 대부분의 학생은 MZ 세대에 속한다. MZ 세대는 온라인상에서 자기를 표현하는 것에 거침이 없다. 또한, 취미나 공통의 관심사를 공유하는 이들과 온라인상에서 편하게 이웃이 되기도 한다. 이러한 소통 방식과 특징은 숏폼(짧은 동영상) 콘텐츠의 유행으로 이어졌고, 이를 증명하기라도 하듯 스마트폰이나 태블릿PC를 통한 영상 소비의 주 대상이 MZ 세대가 되었다.

이들은 영상 소비에 대한 욕구는 크지만, 영상 시청에 많은 시간을 할애하지는 않는다. 플립그리드는 이러한 MZ 세대의 특징을 그대로 반영한 온라인 협업 도구라 할 수 있다. 놀이의 개념을 넘어 학습의 개념을 가지고 숏폼을 만들고 공유하는 과정은 MZ 세대의 니즈를 충족시키는 한편, 학습의 새로운 지평을 여는 미래형 교육 방식으로 자리 잡을 수 있다. 플립그리드가 그러한 흐름의 중심에 설 수 있으리라 기대한다.

05

학생 중심 형성 평가, 카훗 & 퀴즐렛

교수-학습 과정에서 학생들이 수업 내용을 어느 정도 이해하고 있는지 점검하고 그 결과에 따라 수업 내용과 방법을 수정해 나가는 것은 학습 목표 달성에 있어 매우 중요한 일이다. 따라서 학생들의 학습을 추적하기 위해 교사는 수시로 퀴즈나 간단한 시험 등을 시행하는데 이를 형성 평가라고 부른다.

기존의 시험이나 퀴즈는 교사 중심이어서 학생들은 수동적으로 문제를 푸는 형식이 대부분이었다. 당연히 학습에서 재미를 느끼기보다 부담스럽고 스트레스를 받는 활동으로 각인되어 있다. 하지만 카훗(Kahoot)과 퀴즐렛(Quizlet)은 학생 중심 형성 평가라는 새로운 길을 활짝 열었다. 재미있는 게임 기반의 카훗과 퀴즐렛을 통해 교사가 만든 문제를 풀기도 하지만 학생 스스로 문제를 만들 수 있고, 친구들과의 협업으로 팀별 퀴즈 게임에 참여할 수 있다.

이렇게 즐겁고 유쾌한 형성 평가의 과정은 점수를 넘어 자신의 학습 상태를 적극적으로 모니터링하고 앞으로의 학습 전략을 세우는 기회를 제공하여 평가의 효력을 극대화한다.

온라인 게임 기반 학습 플랫폼, 카훗

카훗은 온라인 게임 기반의 학습 플랫폼으로 교사가 특정 내용을 가르치고 학생들의 이해 정도를 알아보기 위한 퀴즈를 낼 때 주로 사용된다. 반대로 새로운 내용을 배우기 전에 학생들의 사전 지식 정도를 가늠하는 데 활용되기도 한다. 사전 평가로 카훗을 이용하는 경우 수업 난이도 조절이 가능하다.

카훗, 출처: Kahoot
공식 웹페이지

무료 클라우드 기반 서비스이므로 스마트폰이나 태블릿PC 등의 장치에서 작동하기 쉽고 대면과 비대면 상관없이 효과적이다. 학생들 나이에 제한 없이 즐겁게 참여할 수 있고 처음부터 새로운 퀴즈를 만들 수 있어서 맞춤형 학습 제공이 가능하다. 또한 이미 만들어진 4천만 개 이상의 게임과 50만 개의 질문 옵션을 제공하므로 교사가 부담감 없이 빠르고 쉽게 시작할 수 있으며 수업 활동이 부족한 원격 학습에 적합하다.

카훗을 시작하려면 교사는 먼저 getkahoot.com으로 이동하여 무료 계정에 등록해야 한다. '가입'을 선택하고 '선생님'을 클릭한 후 본인이 속한 교육 기관을 선택한다. 전자 메일과 암호를 사용하거나 구글(Google) 또는 마이크로소프트(Microsoft) 계정으로 등록할 수 있다. 교사가 퀴즈를 만들고, 학생들과 암호를 공유하면 학생들은 노트북, 태블릿, 스마트폰, 데스크톱 등 다양한 장치로 접속하여 퀴즈 게임에 참여할 수 있다.

카훗의 기본은 질문과 객관식 옵션이지만 이미지나 유튜브 동영상을 추가하여 더 많은 상호 작용을 만들어 낼 수도 있다. 카훗에 미디어를 사용하면 학생들은 동영상을 본 후 그에 관련된 질문을 받게 된다. 한 문제를 푸는 데 시간제한을 설정할 수도 있다. 카훗에서 실시한 퀴즈의 결과는 게임 보고서의 형태로 제공된다. 이 결과 보고서는 어떤 학생이 무엇 때문에 어려움을 겪고 있는지 분석할 수 있게 하여 학생을 지원하는 데 큰 도움을 준다. [19]

수업 내용에 관한 것이 아니더라도 카훗은 소통을 위한 훌륭한 도구가 될 수 있다. 이 아이디어는 여덟 살인 큰아이 호세에게 배운 것인데, 서로를 알아가는 퀴즈이다. 어느 날 호세가 아이패드를 가지고 와 지금 엄마가 풀어야 할 중요한 퀴즈가 있다고 이야기했다. 뭔가 궁금해서 들여다보았더니 엄마가 자신을 얼마나 알고 있는지 확인하는 퀴즈였다.

그 퀴즈의 제목은 '내 마음을 잘 아는 사람'이었다. 갑자기 긴장되었다. 내가 그 퀴즈를 통과하지 못하면, '호세의 마음을 잘 알지 못하

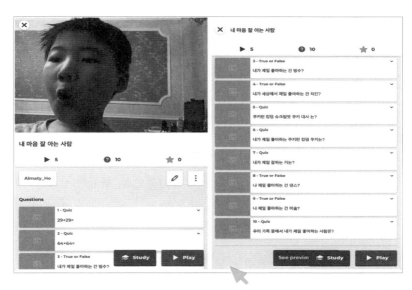

호세의 카훗 퀴즈 '내 마음을 잘 아는 사람'

19) "What is Kahoot! and How Does it Work for Teachers?,"TECH&LEARNING, Last modified April 27, 2021, accessed Aug 1, 2021, https://www.techlearning.com/how-to/what-is-kahoot-and-how-does-it-work-for-teachers 참조

는 엄마'로 낙인찍힐 갈림길에 있었기 때문이다.

드디어 퀴즈가 시작되었다. 처음부터 순탄치 않았다. 첫 두 문제가 연산이었는데, 여기 왜 수학 문제가 나오느냐고 물었다가 핀잔만들었다. 아이가 가장 좋아하는 과목이 연산과 영어인데 연산이 더 좋아 두 문제를 넣었다고 했다. 연산 문제를 맞히긴 했으나, 출제자 의도를 파악하지 못했다며 호세는 1점을 감점시켰다.

맨 마지막 문제인 가족 중 호세가 제일 좋아하는 사람을 고르는 것도 틀렸다. 나는 당연히 선택지 중 '엄마'를 골랐는데, 정답은 둘째 '호산'이었다. 결국, 나는 10점 만점에 8점을 획득했다. 호세는 나쁘지 않은 결과라 이야기했지만 뭔가 좀 아쉽긴 했다.

호세가 출제한 카훗 퀴즈는 나에게 큰 의미로 다가왔다. 해외에 살아 한글도 서투른 아이가 얼마나 엄마의 마음을 확인하고 싶었으면 퀴즈까지 출제했을까 싶었다. 평소에 조금 더 많이 표현해 주고 호세가 좋아하는 음식을 먹으며 시간을 보내야겠다고 결심했다. 그렇게 카훗 퀴즈를 풀면서 함께 대화하고, 퀴즈 후에도 깊은 소통이 있어 참좋았다.

호세가 카훗을 활용해 냈던 퀴즈는 수업 중에도 유용하게 쓰일 수 있다. 학생들의 수가 많으니 매 수업 시간 순서를 정해 한 명씩 돌아가며 자신에 대한 퀴즈를 내고, 나머지 친구들이 풀어 볼 수 있다. 수업 시작 전 혹은 수업 끝날 무렵 10분 정도 할애하면 학생들의 상호작용을 높이는 데 시너지 효과로 작용할 것이다.

게다가 비대면 상황이 이어지면서 학생들의 사회성이 걱정할 만한 수준으로 낮아졌다는 의견이 지배적인데 이런 식의 퀴즈는 사회성 함양에도 도움이 된다. 사회성은 타인과 관계를 잘 맺고, 그것을 유지하는 능력이다. 인지 능력이나 정서 조절력, 도덕성, 협동심과 배려심 등이 사회성의 테두리 안에 위치한다.

학교는 단순히 지식을 습득하는 곳이 아니다. 교사 및 또래 친구들과의 상호 작용을 통해 관계를 형성하고, 소속감을 누리는 가운데 규칙과 규범은 물론 사회성에 필요한 갖가지 능력을 배우는 곳이기도 하다. 비대면 수업은 이 과정을 축소시켰다.

간간이 대면 수업이 이루어지긴 했으나 마스크를 착용한 상태로 서로를 대하다 보니 표정을 보고 긴밀하게 소통하기란 불가능했다. 또한 학교에 가는 횟수가 줄어들면서 소속감이 약화되었고 스스로에 대한 존재 가치도 희미해지는 현상이 발생했다.

학생들은 대면 수업보다 비대면 온라인 수업이 더 좋다는 반응을 보이지만, 그 이면에 관계에 대한 두려움과 낯설음이 자리하고 있지는 않은지 살펴야 한다. 이런 상황에서 비대면 수업을 통해 소속감을 높이고, 관계성의 개선을 도모하는 것은 꼭 필요한 부분이다.

비록 비대면이지만 서로에 대해 알아 가는 퀴즈를 통해 공통분모를 찾아낸다면 대면 수업으로 전환되었을 때 어렵지 않게 다가갈 수 있으리라 생각한다. 아주 단순한 상호 작용이지만 타인이 나를 알아준다는 것만으로도 소통의 물꼬가 될 수 있기 때문이다.

온라인 교육 자료 데이터베이스, 퀴즐렛

퀴즐렛은 온라인 교육 자료 데이터베이스로 학생들과 교사가 만든 3억여 개의 학습 자료가 저장되어 있다. 텍스트 및 시각 자료가 포함되며 다루어지는 학습 주제의 범위가 상당히 넓다. 학생들은 이미 만들어진 세트를 조합해서 이용하거나 자신만의 공부 자료도 만들 수 있다. 각 자료는 매칭, 빈칸 채우기, 게임, 퀴즈 등 최대 9개의 활동을 제공한다.

학생 개인의 능력이나 스타일에 맞게 학습 자료가 제공되는 적응형 학습(adaptive learning) 기반이다. 즉, 학생이 퀴즈에서 많은 문제를 맞힐수록, 더 어려운 질문을 제공함으로써 학습 수준을 높여 갈 수 있도록 돕는다.

학생이 퀴즐렛을 공부 자료로 활용한다면, 교사는 학급을 위한 수업 자료로 이용할 수 있다. 퀴즐렛 콘텐츠는 검증된 출판사나 교육 기관에서 다양하게 제공하므로 신뢰도가 높은 편이다. 협업 활동을 촉진하는 팀 기반 퀴즈 대회와 퀴즈 라이브 등 교사를 위한 활동들도 있다.

연간 일정 금액을 지불하고 유료 회원이 되면 학생들의 학습 리포트를 볼 수 있는데 이는 학생들의 학습 상태를 분석하고 수업 준비를 하는 데 도움이 되며 다른 맞춤형 자료들까지 사용할 수 있다.

퀴즐렛에서 가장 주목할 만한 학습 자료는 '맞춤형 플래시 카드(Custom Flash Card Set)'이다. 플래시 카드는 개념을 이해하고 단어를 암기하는 데 효과적이다. 자신만의 플래시 카드를 만들고, 이를 기반으로

미래 교육 협동 수업이 답이다

한 라이브 퀴즈를 풀어 보면서 스스로 학습 상태를 점검하고 공부 계획을 세워 볼 수 있다. 공부 자료들을 누적하여 저장하면 나중에 있을 중요한 시험 준비에도 도움이 된다.

기존의 플래시 카드와 달리 퀴즐렛은 다양한 시청각 자료가 요구되는 과학이나 미술 교과목의 학습 자료도 편리하게 만들 수 있게 지원한다. 교사는 자신이 가지고 있는 이미지를 사용하거나 퀴즐렛에서 제공하는 다양한 사진들을 추가하여 생생한 다이어그램과 같은 시청각 자료를 만들 수 있다. 음악이나 외국어 교과목의 경우 플래시 카드에 오디오까지 첨부할 수 있어 수준 높은 디지털 자료가 된다.

'퀴즐렛 라이브'는 학생-학생 간의 협업 활동을 통해 배움을 확장하는 데 최적화되어 있다. 팀별로 협업하여 퀴즈를 푸는 과정에서, 학생들은 정답을 알아내기 위해 지식을 모으고, 고민하며, 자료를 찾고, 분석 및 질문하면서 사고를 확장해 나갈 수 있는 것이다.

카훗과 퀴즐렛을 학습에 좀 더 효과적으로 활용하고자 한다면, 퀴즈가 끝난 후, 학생들과 퀴즈에 대해 다양한 토론을 하고 자기 성찰 활동을 추가해 보자. 예를 들어 퀴즈에 참여하는 동안 무엇이 어려웠는지 나누고, 잘 몰랐던 부분에 대해 다시 학습하여 완전 학습을 할 수 있도록 지원하는 것이다. 이런 의미 있는 과정은 학습 성취도 향상뿐만이 아니라, 학생들을 자기 주도형 학습자로 성장시킬 밑거름이 되리라 믿는다.

06

이메일과 메신저 애플리케이션

인터넷 세상에 사는 우리에게 이메일이나 카카오톡(Kakao Talk) 등의 메신저가 삶의 일부로 들어온 것은 어제오늘의 일이 아니다. 특히 팬데믹 이후 비대면 생활이 익숙해지면서 이들은 더없이 중요한 소통 도구로 자리 잡고 있다. 비대면으로 의사소통 시 전화를 제외하면 이메일이나 메신저가 가장 편리하고, 메신저의 경우 전화만큼이나 즉각적인 피드백이 가능하기 때문이다. 학습에서도 예외는 아니다.

학생들이 선호하는 이메일

온라인 수업을 하면서 나는 학생들로부터 하루 10통 정도의 이메일을 받고 있다. 학교 상황에서도 교사-학생 간 소통 채널로 이메일이 단연 1등이다. 비대면으로의 전환 이후 이메일은 더욱 유용한 상호 작용 도구가 된 것이다.

학생들은 무척 다양한 이유로 교사에게 이메일을 보낸다. 수업 내용이나 과제에 관한 질문이 가장 많으며 부득이하게 온라인 수업에 참여하지 못한 이유를 설명하거나 개인적인 어려움, 혹은 진로 문제와 같은 상담 관련 내용도 있다.

온라인 수업이 이어진 데다 대면 상담을 하지 못함에 따라 이메일의 사용이 더욱 증가했다. 물론 줌 플랫폼을 통해 1:1로 만나 화상으로 상담하는 시간이 있으나, 이러한 형식의 소통을 요청한 학생은 손에 꼽을 정도로 드물었다. 학생 대부분은 이메일 소통을 선호했다. 그 이유는 무엇일까?

먼저 이메일은 비실시간 소통 도구이므로 학생들이 충분한 시간을 가지고 내용을 준비한 후 작성할 수 있다. 아무리 온라인이지만 실시간으로 만나면 내용 정리가 잘 안 되거나 말할 내용이 기억나지 않기도 한다.

특히 수줍음이 많고 소극적인 학생들은 실시간 소통보다 메시지를 보내기 전에 문구를 고민할 여유가 있는 이메일 소통을 선호하게 된다. 교사도 답변을 보내기 전에 관련 자료를 찾아보고 고민할 시간이 있어 좋은 응답을 하는 데 유리하다.

또한 이메일은 비대면 매체로 학생 상담에 유용하다. 정신적·신체적으로 폭풍 성장과 혼란을 경험하고 있는 학생들은 관계 문제에서부터 성적, 진로, 중독에 이르기까지 다양한 문제들로 힘들어하며 스트레스를 받는 경우가 많다. 교사도 상담 전문가가 아니므로 모든 문제에 대해 해결책을 줄 수는 없지만 다른 전문가나 관련 서적을 소개해 주는 등 중간자의 임무를 수행할 수 있다.

작년 가을 학기에는 유독 개인적인 어려움을 호소하며 상담을 요청하는 학생이 많았다. 갑작스럽게 시작된 온라인 수업으로 인해 극심한 스트레스를 받고 있었던 것이다. 그중 몇몇은 정신적 어려움이 육체적 질병으로까지 확대돼 힘들다는 이메일을 보내 왔다.

온라인 수업 환경에 적응해 나가는 것이 얼마나 힘든 줄 알기에, 그 어려움을 공감해 주고 COVID-19로 인한 우울감을 이겨 내기 위해 내가 시도했던 명상, 운동 루틴, 감사일기 쓰기 등의 방법을 상담을 요청한 학생은 물론 당시 내 수업을 수강하는 학생 전체와 공유하였다. 인터넷에서 찾아보면 금방 나오는 정보들이지만 나눔의 효과는 생각보다 컸다.

학생들은 어려운 길을 함께 가고 있는 선생님이 있다는 생각에 안정감을 느꼈고, 많은 학생이 일상을 회복할 수 있었다는 답변을 주었다. 몸과 마음이 지쳐 있는 상태에서 비록 화상통화일지라도 얼굴을 보이며 자신의 상태를 드러내기 부담스러울 수 있다. 이런 경우 이메일은 좋은 대안이 된다.

뿐만 아니라 완전한 익명성을 유지하고 수업에 대해 건의를 하고자 할 때 학생들은 다른 이메일 계정을 이용해 교사와 소통할 수 있다. 수업이 너무 지루해 다양한 활동으로 변화를 주었으면 좋겠다거나 교사의 내용 설명이 충분하지 않아 교과 이해가 어렵다는 등 다소 이야기하기 껄끄럽고 부정적인 사안들을 나눌 때는 이메일 소통이 훨씬 효과적이다. 교사도 미처 몰랐던 부분들을 학생들이 알려주므로 수업 방법 개선에 도움을 받을 수 있다.[20]

또한 이메일은 대용량 파일을 주고받는 데에도 유용하다. 동영상이나 PPT파일의 경우 용량 제한 때문에 스마트폰 상의 어플로 주고받기 어려울 때도 있다. 이메일은 대용량 파일을 주고받을 수 있는 기능이 있어 과제 제출이나 공유에 좋다. 수신인에 추가하기만 하면 다수와 내용 및 파일을 공유할 수 있다는 것도 큰 장점이다.

학생들은 이메일을 웹하드를 사용하듯 저장 용도로 쓰기도 한다. 스스로에게 메일을 보내 어디서든지 이메일에 접속만 하면 파일을 다운로드 받을 수 있다.

마지막으로 수업 시간에 이해가 어려웠던 부분이나 과제에 대한 보충 설명을 학생 개인이 교사에게 이메일로 요청할 수 있다. 모든 학생은 이해 수준, 학습 성향이나 방법이 제각기 다르다. 교사의 수업 방법이 잘 맞지 않아 어려움을 겪는 학생은 당연히 있을 수 있다. 이런 경우 교사는 이메일이라는 채널을 이용해 보충 자료와 설명을 제공하여 학습 지원을 하면 된다.

다양한 학생-교사 간 이메일 소통의 장점에도 불구하고, 주의해야

---

20) Hassin, E. (2006). Student-instructor communication: The role of email. Computers & Education, 47, 29-40.

할 사항이 있는데 바로 시간 관리 부분이다. 이메일 소통은 생각보다 많은 시간이 소요되고 학생들은 교사의 즉각적인 응답을 요구한다. 심지어 주말이나 밤늦은 시간에도 이메일을 보내는 학생들이 있다.

이런 문제들을 해결하기 위해 이메일 소통과 관련된 기본 예의와 지켜야 할 규칙들을 학생들과 미리 논의하여 놓는 것이 좋다. 예를 들어 밤늦은 시간이나 주말에는 이메일 보내지 않기, 이틀 정도 기다려도 답변이 없을 때 다시 한번 이메일 보내기, 이메일은 주중 오전 9시에서 오후 5시 사이 가급적 하루 한 번만 전송하기 등의 수칙은 이메일 개별 소통을 더욱 원활하게 할 것이다.

핵심어로 소통하는 메신저

이메일보다 조금 더 빠르고 편하게 소통하고 싶다면 여러 기능이 내장된 메시지 애플리케이션을 추천한다. 우리나라에서는 카카오톡, 해외에서는 와츠앱(WhatsApp)이 주로 활용된다. 이 도구를 사용하면 학생과 보다 효과적인 커뮤니케이션을 수행할 수 있다.

전달 사항에 대한 핵심어나 짧은 문장을 중심으로 소통하기 때문에 메시지 작성에 부담이 없고, 시간 절약과 함께 무료이기에 비용까지 절감된다. 또한 스마트폰에서 즉각적인 수신과 답변을 할 수 있어 대응력이 좋다.

과연 메신저로 의사소통이 어느 정도나 가능할까 싶겠지만 학생들은 이미 메신저에 너무 익숙해져 버린 세대라 짧은 문장으로도 충분히 내용을 전달할 수 있다. 국내에서 가장 널리 통용되는 카카오톡의 경우 다양한 이모티콘을 통해 감정 소통까지 가능하다.

그리고 MZ 세대에게 메신저는 바로 옆에서 대면으로 이야기하는 것만큼이나 편안한 도구다. 심지어 대면으로 만나는 상황에서도 메신저로 이야기를 하곤 한다. 오죽하면 진행자가 셀럽을 초대해 메신저로만 대화를 나누는 웹 예능 프로그램이 실제로 인기리에 방영되었을까.

메신저를 이용하면 메시지뿐만 아니라 음성이나 짧은 영상, PPT나 문서 자료, 책 등의 다양한 콘텐츠 교류도 가능하다. 그룹 채팅의 경우 교사가 학급 전체가 포함된 그룹 창에 공지 사항이나 급한 전달 사항을 보내어 신속하게 정보 공유도 할 수 있다.

실제로 팬데믹 이후 온라인 수업을 진행하며 메신저의 혜택을 톡톡히 보았다. 온라인 수업에서 가장 중요한 부분은 인터넷 연결과 와이파이의 상태이다. 그런데 카자흐스탄과 인근 국가들은 인터넷 연결이 불안정한 경우가 많다. 온라인 수업에 참여하다가도 갑자기 연결이 끊어지기도 하고, 어떤 경우는 학생들이 수업에 아예 들어오지 못하는 경우도 허다했다.

인터넷 문제로 수업 참여가 어려워진 학생들은 주로 함께 수업을 듣는 친구에게 전화하여 상황을 알려 주면, 소식을 전해 들은 학생이 단체창에 공지한다. 나 또한 그룹 채팅창에 소속되어 있어 상황 파악이 가능하며 부득이하게 수업에 참여하지 못한 학생에게 수업 녹화

본, 주요 공지 사항, 수업 자료 등을 제공할 수 있었다.

대부분 학생은 공부를 싫어하기 마련이다. 그런 상황에서 비대면 수업으로의 전환은 부모들에겐 청천벽력과도 같았다. 싫어하는 공부를 교사도 없는 상황에서 스스로 할 리가 없기 때문이다.

실제로 갑작스럽게 팬데믹이 선언되며 학교 수업이 비대면 온라인 수업으로 전환되었을 때 학생들은 집중하지 못했다. 실시간 수업이 아니었기에 늑장을 부리다 겨우 할당된 방송 또는 동영상을 보는 경우가 허다했고, 집중력은 말할 필요도 없이 떨어졌다.

이듬해까지 비대면 수업이 이어지며 수업의 질은 높아졌지만, 학생들에게는 더 높은 수준의 자기 주도 학습 능력이 요구되는 상황이 벌어졌다. 그런데 많은 이가 자기 주도 학습이라고 하면 학생 혼자 공부하는 것을 떠올린다.

하지만 공부는 '혼자' 하는 것보다는 '같이' 하는 것이 훨씬 효율적이다. 학생들이 공부할 때 관심을 가지고 지켜봐 주며 어려움 해결에 도움을 주는 사람이 있다면 공부는 훨씬 수월하게 진행되지 않겠는가. 성공적인 자기 주도 학습을 위해서는 누군가와의 상호 작용이 필요하다는 뜻이다.

메신저는 이런 상호 작용에 있어 무척 유용한 도구이다. 개인적이라면 더 좋겠지만 학생이 많다면 그룹채팅으로라도 교사의 관심을 표현할 수 있다. "과제 제출했나요? 안 한 사람 있으면 서둘러 주세요.", "오늘 수업에서 모르는 부분이 있다면 질문해 주세요. 다음에 모아서 보충 설명하겠습니다."라는 식의 관심은 메신저로 충분히 소통할 수

미래 교육 협동 수업이 답이다

있다.

메시지를 통해 동기 부여도 가능하다. "오늘 수업하느라 수고했어요. 과제는 미루지 말고 바로 하는 게 좋아요. 그런 의미에서 과제 가장 빨리하는 사람에게는 과제 1회 패스권을 줄 겁니다."라는 메시지만으로도 학생들은 과제를 하고 싶은 마음이 생길 것이다.

수업은 수업 시간 외에도 상호 작용이 이어져야 하는 상황이 많다. 메신저에서 그룹 채팅창에 참여하는 경우 너무 많은 메시지로 피곤해지기도 하지만 주요 공지와 급한 전달 사항을 공유하는 공간으로 이용한다면 온라인 수업을 지원하는 훌륭한 도구가 될 것이다.

상호 작용을 촉진하는 줌 대화창

비대면 수업으로 전환되던 초기에는 링크를 공유하여 수업과 관련된 교육방송을 시간마다 시청하는 방식이 주를 이루었다. 하지만 이 방식은 교사가 수업하는 것을 보며 학생들은 그저 수동적으로 받아들이기만 하면 되는 단방향 소통으로 상호 작용이랄 것이 전혀 없었다.

가정에서 TV나 스마트 기기로 녹화된 영상을 시청하기만 하는 수업이므로 교사의 피드백도 찾아보기 힘든 수준이었다. 실시간 소통이 되지 않는 상황에서 학생들은 게임을 하거나 메시지를 주고받는 등 수업과 상관없는 행동을 할 여지가 너무 많았다. 결국 쌍방향 소통이 가능한 비대면 수업의 필요성이 대두되었고 실시간 수업이 가능한 줌이 높은 평가를 받았다.

줌은 온라인 화상회의 솔루션으로 시작했다. 스마트폰과 태블릿

PC는 물론, 데스크톱에서도 사용할 수 있다. 100명의 참가자 호스트와 최대 40분까지 화상으로 미팅할 수 있다. 더 상향된 유료 라이선스를 구매한다면 참가자 수는 늘어날 수 있다. 학생들은 별도의 회원가입을 할 필요 없이 교사가 개설한 회의실의 ID와 비밀번호를 입력하는 것만으로 접속할 수 있어 편의성도 높다.

줌은 참가자가 직접 자신의 마이크와 카메라 기능을 켜고 끄는 것이 가능하다. 이것은 장점이자 단점이기도 한데, 필요하다면 그 즉시 소통이 가능하다는 점은 장점이다. 카메라를 향해 손을 드는 제스처만 취해도 이를 인식하고 발언하려 한다는 것을 알려 주니 빠르게 소통할 수 있다. 다만 학생이 마이크와 카메라를 꺼버리면 소통이 쉽지 않다. 이때 유용한 것이 바로 '대화창' 기능이다.

줌 온라인 수업의 대화창은 수업에 참여하고 있는 학생 개인 혹은 학급 전체에 메시지를 발송할 수 있는 기능으로 교사-개별 학생 간, 교사-학급 전체 간 쉽게 소통할 수 있게 한다. 학생-학생 간의 메시지 교환도 가능한데, 이로 인해 수업 통제력을 잃게 될 것이 우려된다면 제한을 둘 수 있다.

하지만 줌 대화창은 상호 작용을 촉진하는 훌륭한 도구이므로 부정적으로 간주하여서는 안 된다. 익숙하지 않은 온라인 수업에서 직접 대화에 참여하기를 꺼리는 학생들이 많은 편인데 이런 학생들이 편안하게 수업에 참여할 수 있는 옵션을 제공하기 때문이다.

2년 정도 온라인 수업을 진행하면서 줌 수업에 직접 참여하기 힘든 학생들이 비디오를 켜지 않고 대화창으로만 수업에 참여하도록 양해를 구하는 이메일을 세 번 정도 받았다. 세 학생 모두 학업 성취도가 뛰어났고 과제 제출에도 성실하게 임했다. 하지만 그들은 공통적으로 온라인상에서 비디오를 켜고 대화할 기회를 포착해 참여하는 일 자체가 굉장히 긴장되고 스트레스를 받는 일이라고 토로했다.

세 학생 중 한 명은 팬데믹 이전 대면 수업이 진행될 때 수업 참여도가 매우 활발했던 것으로 기억한다. 특별한 어려움 없이 전체 토론에도 참여하고 인상적이었을 만큼 개별 발표도 잘하는 학생이었다. 다만 온라인이라는 플랫폼을 어렵고 힘들어했다.

나는 학생들의 요청을 당연히 받아들였다. 비디오를 켜지 않고 수업에 참여하고 대화창을 통해 자신의 의견을 표현할 수 있도록 배려했다. 이후 세 학생은 수업에 더욱 열심히 참여하는 모습이 눈에 띄었고 이들이 대화창에 남기는 훌륭한 의견은 다른 학생들까지 토론에 참여하게 하는 촉진제 역할을 하기에 충분했다.

개개인의 스마트 기기 사용 환경에는 차이가 있기 마련이다. 인터넷 연결이 좋지 않거나, 사용하는 기기의 사양이 낮은 경우, 배경 소음이 많은 장소에서 온라인 수업에 참여하는 경우 등 학생 사정은 천차만별이다. 오히려 조용한 온라인 학습 공간이 있고, 최신의 기기와 속도가 빠른 인터넷을 통해 원격 수업에 임하는 학생이 드물지도 모른다. 이런 경우 줌 대화창은 유용하게 사용될 수 있다.

지난 학기에 인터넷 상황이 좋지 않은 지역에서 온라인 수업에 참여하는 학생이 있었다. 이 학생은 비디오를 켜고 수업에 활발하게 참여하고 싶은데 비디오를 켜면 연결 상태가 악화되는 경험을 반복적으로 하고 있었다. 기기에 내장된 마이크의 상태도 좋지 않아 수업 참여에 어려움을 호소했다. 어쩔 수 없이 비디오와 오디오를 끄고 수업에 임할 수밖에 없었는데 다행히 대화창이 있어 수업에 참여하는 데는 문제가 없었다.

공평하고 자발적인 소통 도구

앞서 소개한 바와 같이 학생의 개인적 상황 때문에 대화창으로 온라인 수업에 참여하는 경우를 제외하더라도 줌 대화창은 상호 작용을 아주 쉽게 끌어내는 채널이 된다. 그 다양한 방법을 소개하고자 한다. [21]

1) 질의응답
교사가 수업을 진행하거나 학생들이 발표할 때 해당 내용에 대한

---

21) "Leveraging Videoconference Chat Tools," Champlain College, Center for Learning & Teaching, last modified Sept 21, 2020, accessed Aug 1, 2021, https://clt.champlain.edu/2020/09/21/zoom-chat-what-you-can-do-with-it-and-how/ 참조

다양한 질문이 생길 수 있다. 그러나 진행 중 끼어들어 질문을 던진다면 수업이나 발표에 큰 지장을 초래한다. 그때그때 떠오르는 질문들을 대화창에 남겨 두면 수업이나 발표가 끝난 후에 활발한 토론으로 확장할 수 있다.

2) 이해 정도 확인

온라인 수업의 경우 대면 수업보다 수업 내용에 대한 이해 정도를 파악하기 어렵다. 학생들의 반응이나 표정 등이 잘 드러나지 않기 때문이다. 이럴 때 교사가 질문을 던지고 대화창을 이용해 답변을 유도하면 학생들의 이해 정도를 쉽게 파악할 수 있다. 줌의 여론 조사 기능을 통해서도 가능하지만, 채팅이 훨씬 쉽고 사전 설정 없이도 가능하다는 점에서 간편하다.

3) 설문 조사

수업 중 어떤 사안에 관해 결정해야 할 때 대화창으로 빠르고 간단하게 투표를 할 수 있다.

4) 웜업 활동

온라인 수업 시작 전 모든 학생이 참여할 때까지 교사나 학생이 멀뚱멀뚱 기다리고만 있다 보면 어색한 침묵이 흐르고 활기 있는 수업의 탄력을 받기 힘들다. 처음부터 좋은 에너지를 수업에 끌어들이도록 해야 하는데 가장 쉽게 활용할 수 있는 것이 대화창이다.

학생들이 줌 세션으로 들어오기 전에 교사가 대화창에 간단한 질문을 하나 올려놓으면 들어오는 순서대로 질문을 보고 답변을 하면서 수업에 서서히 참여할 수 있다. 지난 수업 내용과 관련된 질문도 좋고 분위기를 풀기 위해 가장 좋아하는 아이스크림이나 빵, 좋아하는 연예인, 인생 최고의 여행지 등의 완전히 무작위적이고 가벼운 질문도 좋다. 모든 학생이 채팅에 답을 올리도록 격려함으로써 잠들어 있던 뇌를 깨워 효과적인 수업을 준비할 수 있다.

5) 유령 학생 관리

온라인 수업의 가장 큰 맹점은 적잖은 학생들이 로그인 후 카메라와 오디오를 끄고 수업에 집중하지 않는다는 사실이다. 이들을 유령 학생이라고 지칭하는데 이런 경우를 대비해 즉시 대답해야 하는 질문을 대화창에 게시하여 학생들의 집중도를 주기적으로 확인할 수 있다.

바로 답변을 올리지 않는 학생의 경우 유령 학생으로 간주하고 교사가 개별 연락을 통해 참여를 독려하는 등 다양한 방법으로 학생들 관리가 가능하다. 교사가 대화창을 통해 유령 학생들을 가려낸다는 사실이 학급에 알려지면 학급 전체가 더 열심히 온라인 수업에 참여하게 되는 계기가 된다.

6) 참여 점수

채점 시스템에 참여 점수가 포함된다면 대화창은 학생들의 참여 정도를 확인하는 데 정말 큰 도움이 된다. 토론이나 대화의 직접 참여를 추적하는 것보다 훨씬 정확하고 쉽다. 수업이 끝나면 채팅 내용을 저장하고 채팅에 참여한 사람과 채팅 빈도를 성적표에 기록하기만 하면 된다. 단, 학생들에게 제공되는 강의 요강에서 대화창을 통한 수업 참여가 점수에 포함된다는 사실을 알려 주어야 더 활발한 참여를 기대할 수 있다.

대화창 참여를 점수로 주기를 원한다면 줌의 '자동 저장' 기능을 설정하면 따로 저장할 필요가 없다. 설정은 다음과 같은 순서로 할 수 있다.

[브라우저 창에서 줌 계정을 연다 → 왼쪽 탐색 메뉴에서 '설정'을 선택한다 → 보안 선택 사항 메뉴 위에 있는 '미팅' 탭을 누른다 → '회의 중: 기본'을 선택한다 → '자동 저장 대화' 옆에 있는 작은 슬라이더를 파란색(켜짐)으로 조정한다]

수업 내용에 따라 학생들의 대화창 저장을 허용할 수 없는 경우도 있다. 그럴 때는 대화 슬라이더 아래 '참가자가 대화 내용을 저장하지 못하도록' 옆에 있는 상자를 선택하면 된다.

7) 수업 안내

온라인 수업 중 지켜야 할 사항이나 수업 중 진행되는 다양한 활동에 대한 안내 및 관련 링크들을 대화창을 통해 모두 안내할 수 있다. 가령 소그룹 활동으로 교사가 주는 프롬프트에 이어 상상하여 협동

글쓰기를 진행한다면, 프롬프트를 비롯한 그룹 글쓰기 시간이나 주의
사항 등을 대화창으로 안내할 수 있다. 구두로만 전달하면 놓치는 부
분이 있으므로 대화창을 통해 한 번 더 알려 주는 것이다.

8) 파일 공유
대화창을 통해 수업에 필요한 다양한 파일 공유가 가능하여 수업
을 진행하는 데 매우 편리하다. 공유하는 방법은 다음과 같다.

[줌 세션에서 대화창 연다 → 오른쪽 아래에 있는 '파일' 아이콘을 클릭한
다 → 파일을 저장할 수 있는 위치(구글 드라이브, 드롭박스, 로컬 컴퓨터 등)를 선택
하면 파일이 저장될 공간으로 이동한다]

만약 학생들의 파일 공유나 공유 가능한 파일 형식을 제한하는 것
도 가능하다. 설정 방법은 다음과 같다.

[브라우저 창에서 줌 계정을 연다 → 왼쪽 탐색 메뉴에서 '설정'을 선택한
다 → 보안 선택 사항 메뉴 위에 있는 '미팅' 탭을 누른다 → '회의 중: 기
본'을 선택한다 → 아래로 스크롤하여 '파일 전송'으로 이동한다 → 채팅
에서 파일이 전송되지 않도록 하려면 슬라이더를 회색으로 조정하여 파
일 전송 기능을 해제한다 → 대화에서 참가자가 전송할 수 있는 파일 형
식을 제한하려면 '지정된 파일 형식만 허용' 옆에 있는 상자를 선택한 후
허용할 파일 확장명을 쉼표로 구분하여 입력한다]

이처럼 줌 대화창은 상호 작용을 촉진하는 중요한 요소이다. 교사가 채팅을 따로 관리할 필요가 없고, 학생들의 공평한 참여를 가능하게 하므로 더욱 매력적이다. 대화창을 소극적으로만 사용하고 있었다면 위의 예시들을 참고하여 적극적으로 활용해 보자. 조용했던 온라인 수업이 활기로 가득 찰 것이다.

다만 온라인 소통 규칙을 마련하여 건설적이고 기분 좋은 상호 작용이 되도록 하는 것이 중요하다. 가끔 대화창에 장난으로 글을 도배하거나, 개인적인 대화를 하는 학생들이 있다. 이런 경우 주요 공지 사항이나 교과 관련 토론에 방해가 되므로 교사의 지도가 필요하다.

또한 마이크를 계속 켜 두면 예상치 못한 소음이 수업 참여자 모두에게 전달되니 음소거 기능을 적절히 이용하여 자신이 발표할 때만 마이크를 켜는 예절을 갖추도록 해야 한다. 온라인 수업 중 무심코 사용하는 험담, 비속어, 은어 등도 문제가 된다.

상대방을 존중하는 언어 예절은 대면일 때보다 비대면일 때 더 중요할지도 모른다. 비대면 문자 채팅의 경우 오로지 글로만 상호 작용을 하므로 부연 설명이 어렵거나 답변이 느려 오해가 발생할 소지가 크기 때문이다.

마지막으로 한 번 입력한 내용은 수정이나 삭제가 불가해 신중한 언어 사용이 대단히 중요하다. 다른 사람의 글에 불쑥불쑥 끼어드는 것도 예의에 어긋나므로, 언어 소통과 마찬가지로 배려와 존중의 태도가 온라인 문자 소통에서도 필수적이다.

미래 교육 협동 수업이 답이다

학생 참여를 독려하는
교사의 말, 말

나는 하루 평균 3시간 정도 수업을 한다. COVID-19 이전에는 강의실에서, COVID-19 이후에는 온라인으로 학생들을 거의 매일 만난다. 빡빡한 일정 탓인지 가끔 수업이 끝나면 목이 아플 때가 있다. 그럴 때면 어김없이 후회가 밀려온다.

단순히 목이 아파서 그런 것이 아니다. 학생들이 수업의 주체가 돼야 하는데 내가 주인 공이 되어 너무 많이 떠들었다는 자책감 때문이다. 학생과 소통하고 학생 중심 수업을 해야 한다는 교육 철학은 온데간데없고 혼자서 무대의 주인공이 되었다는 생각에 부끄러워지기 도 한다.

교사는 수업에 관한 이야기, 학생들 이야기, 사는 이야기 등 항상 이야깃거리가 많다. 나쁜 것은 아니지만 이런 패턴이 수업 중에도 계속되면 곤란하다. 교사는 전문성을 가지고 학생들을 이끌지라도, 학생들이 배움의 주체이며 활동의 주인공임을 잊지 말아야 한다. 다 양한 전략을 사용하여 학생들이 교사보다 말을 더 많이 하며 수업에 적극적으로 참여하도 록 유도하는 것이 필요하다.

교사가 20명의 학생과 50분간 수업을 진행하면서 25분간 말을 한다면 학생 1인당 발 화 시간은 1분 30초가 채 되지 않는다. 교실 상황을 녹화하여 수업 중에 학생 1인당 몇 분간 말을 하는지, 또 교사의 발화 시간은 얼마나 되는지 계산해 보아도 좋겠다.

교사의 말이 길어지면 학생들은 흥미를 잃고 지루함을 느끼게 된다. 교사의 지시와 학 습 내용에 대한 장황한 설명으로 압도감을 느끼기도 한다. 마지막으로 기억해야 할 것은 교 사가 교실 수업 중 말을 많이 할수록 지배하고 통제하는 역할을 맡게 되어 학생의 자율성까 지 빼앗는다는 사실이다. 학습 동기와 재미는 자율성에서 비롯되는데 교사의 너무 많은 발 화가 자율성을 제한한다면 가능한 한 줄이는 방안이 마련되어야 할 것이다.

학생들의 참여를 도모하여 발화 시간을 늘릴 수 있는 가장 좋은 방법은 짝 또는 소그룹으로 협업 활동을 하게 하는 것이다. 오프라인 또는 온라인 수업 모두 모둠 활동은 무리 없이 진행할 수 있다. 개별 활동을 하더라도 답을 비교하고 의견을 나누게 하는 시간을 할당하여 모든 학생이 활동에 참여하게 하는 것이 좋다.

보통 교사가 학급 전체에 질문을 던지면 보통 한두 명 정도의 학생이 답변하게 된다. 하지만 짝 활동을 하게 되면 5분 동안 학급에 있는 20명의 학생이 모두 말할 기회를 얻게 되는 것이다. 이때 교사는 주로 모니터링을 하고 도움이 필요한 학생이나 그룹을 지원하면 된다.

또 다른 전략은 '기다려 주기'이다. 교사는 질문을 던진 후, 답을 서두르지 말고 학생의 응답을 기다려야 한다. 교사는 속도감 있는 수업을 위해 늦은 학생들의 반응을 기다리지 못하고 답을 그냥 이야기해 버리는 경우가 많다. 하지만 학생들도 질문이 무엇인지 파악하고 답을 생각하는 데 충분한 시간이 필요하므로 답을 제시하기 전에 1분만 더 기다려 주자.

PART 3

Interactive
Online Collaboration

학생들이 주도하는

온라인 협업 활동

미네르바스쿨은 2014년에 개교한 온라인 기반 대학교이다. 모든 수업이 온라인으로 진행되지만, 재학생들은 7개국의 도시를 돌면서 기숙사 생활을 하고 현지 인턴십을 병행한다. 대학의 역사는 매우 짧지만, 하버드대학교보다 높은 입학 경쟁률과 아이비리그보다 훌륭한 취업 결과로 유명하다.

미네르바스쿨의 재학생들은 본부인 미국(샌프란시스코)에서 1학년 생활을 시작해 학기마다 아르헨티나(부에노스아이레스)·한국(서울)·인도(하이데라바드)·영국(런던)·대만(타이베이)·독일(베를린)을 옮겨 다닌다. 각 도시에 마련된 기숙사에서 머무르며 온라인 강의를 듣고 동기들과 교류한다. 인턴십의 기회는 다양한 문화와 경험을 쌓는 데 큰 도움을 준다. 한국에는 서울 용산구 해방촌에 미네르바스쿨 기숙사가 있다.

미네르바스쿨은 교수와 학생 간의 상호 작용을 극대화하고자 〈액티브 러닝 포럼〉이라는 온라인 플랫폼을 자체 개발하여 수업을 진행한다. 실시간 온라인 수업이라는 점에서 줌과 비슷할 수 있지만, 차이점은 '토론식 세미나' 진행 기능의 유무다.

예를 들면 액티브 러닝 포럼의 교수 화면에는 학생의 얼굴과 함께 참여도를 알 수 있는 표시가 뜬다. 학생이 수업 시간 동안 얼마나 발언했는지를 토대로 학생마다 빨간색, 노란색, 초록색의 불빛이 다르게 표시된다. 최대 18명이 참여하는 강의에서 교수는 참여도가 낮은 학생을 구분해 질문을 던지면서 수업 참여를 끌어낸다. 오프라인에선 실현 불가능한 토론과 학술적인 상호 작용이 수업 시간 내내 끊임없이 이뤄진다고 보면 된다.

뿐만 아니라 미네르바스쿨에는 교수가 4분 이상 연속으로 말하면 안 된다는 규정이 있다고 한다. 학생들이 토론에 참여하기 위해 예습은 필수이다. 90분 수업에 A4 10장 분량의 자료를 읽고 수업에 접속해야 토론을 할 수 있는 것이다. 또한, 수업 시작과 동시에 쪽지 시험으로 예습 여부를 점검하고 학생들은 수업 시간 내내 예습한 주제를 토론한다.

액티브 러닝 포럼 플랫폼에 포함된 온라인 협업 도구를 이용해 수업 중 조별 토의와 보고서 작성도 함께 이루어진다. 이 과정에서 교수는 질문을 던지고 피드백을 주는 등 퍼실리테이터(Facilitator, 조력자)의 역할을 수행한다.

위드 코로나 시대로 접어든 지금, 상황에 따라 비대면 수업을 감행해야 하지만 온라인 수업만으로는 소통과 직접 경험이 부족할 것이라는 목소리가 크다. 하지만 미네르바스쿨처럼 교수와 학생들 사이에 상호 작용을 적극적으로 해결하는 방안을 마련해 나간다면 비대면 수업의 한계는 극복 가능하리라 생각된다.

그렇다면 현 상황에서 우리가 미네르바스쿨과 같은 상호 작용을 어떻게 구현할 수 있을까? 그것은 바로 학생들이 주도하는 온라인 협업 활동을 최대화하는 것이다. 이와 관련해 PART 3에서는 잼보드, 구글 문서, 구글 슬라이드 등을 활용해 학생 주도 협동 수업을 구체화하는 방법에 대해 다루어 보고자 한다.

01

잼보드로 그룹 활동 구성하기

잼보드, 출처: Jamboard 공식 웹페이지

우리말 '재미'를 연상시키는 구글 잼보드(Jamboard)는 온라인 상호 작용 수업과 협업 활동을 지원하는 화이트보드 애플리케이션이다. 잼보드는 화이트보드처럼 쓰고 지우며 생각을 정리하는 데 매우 유용하다.

또한 잼보드 프레임에서 스티커 메모 기능과 개체 이동이 쉬워 온라인 미팅을 시각적으로 만들거나 협업하는데 편리하고, 프레임 내에서 팀원들이 모두 편집 권한을 가지고 서로 피드백을 줄 수 있어 공유 링크만 있다면 잼보드를 통한 지속적인 협업이 가능하다.

클라우드와 연결된 잼보드는 55인치, 4K 화이트보드로 활용할 수 있어 시간 및 장소의 구애 없이 실시간 협업 작업에도 좋다. 구글 기반이기 때문에 구글 계정으로 로그인하며 구글 드라이브(Google Drive), 구글 문서(Google Docs) 등 모든 구글 응용 프로그램과 연동할 수 있다.

프레임을 이용한 학습 자료로 활용

잼보드는 빈 프레임의 하얀색이 기본 배경이나, 사용자가 가지고 있는 이미지를 배경으로 사용할 수 있다. [22] 워드 문서처럼 텍스트, 이미지, 도형 및 그림 작업이 가능하다. 스티커 메모 및 편집 기능도 있으며 이미 사용된 개체나 실수의 수정도 쉽다. 잼보드에서 발표 시 포인터를 사용해 청중의 주의 집중을 유도할 수 있다. 뿐만 아니라 프레임의 오른쪽 위 모서리에 있는 점 세 개를 클릭하면 옵션이 나타나는데, 이를 통해 프레임을 이미지로 저장하여 학습 자료로 활용 가능하다.

---

22) 해상도 2600*1500 픽셀이 가장 알맞다.

잼보드 프레임 예시

무료하고 단조로운 원격 수업은 이제 그만

잼보드는 무료하고 단조로운 원격 수업을 적극적인 협업 활동으로 변신시키는 훌륭한 온라인 도구이며, 수업 내용이나 특성을 고려해 아래에 소개된 잼보드 사용 방법을 활용해 볼 수 있다.

1) 복습 개념도

온라인 수업을 15분 정도 일찍 마무리한 후 줌 '소그룹 회의 기능'을 통해 학생들을 모둠으로 배치한다. 각 모둠은 오늘 배운 내용 중 가장 중요한 핵심어 하나를 선택해 그 단어의 의미를 복습하고 잼보드의 스티커, 텍스트, 이미지 추가 기능을 활용해 개념도를 구상해 본다.

미래 교육 협동 수업이 답이다

하나의 잼보드에 여러 개의 프레임을 사용하고 모둠별로 다른 프레임에서 작업하므로 학급 전체가 다른 팀의 개념도를 볼 수 있다. 모둠별로 잼보드에 개념도를 구성하며 복습하는 시간은 내용에 대한 이해도를 돕고 학생 간 소통을 촉진하므로 온라인 협업 활동에 이상적인 예이다.

2) 예습 개념도

잼보드를 활용한 예습 개념도 활동은 수업 시작 직후 교사의 수업 진행 전에 모둠별로 구현된다. 복습 개념도가 그날 학습한 내용 중 키워드를 학생들 스스로가 생각해 보는 방식이라면, 예습 개념도는 오늘 수업할 내용과 관련된 핵심어를 교사가 선택하여 학생들에게 알려준다.

각 모둠은 과거 경험이나 사전 지식을 활용하여 교사가 제시한 핵심어를 토론하고 그 개념을 잼보드 프레임으로 구성해 보는 것이다. 각 학생은 수업에 참여하면서, 교사의 설명과 조별로 만들었던 예습 개념도를 자연스럽게 비교하게 되므로 수업 집중도를 높일 수 있다. 수업이 끝난 후 모둠별로 다시 모여 예습 개념도를 수정하는 활동으로 확대해도 좋다.

3) 갤러리 워크

갤러리 워크는 온라인 수업이 끝나고 학생들의 이해도 확인을 위해 주로 사용된다. 교사는 하나의 잼보드에 조별 프레임을 추가하여 각 프레임에 모둠별로 답변해야 할 수업 관련 질문을 제시한다. 학생들은 소그룹으로 배치되어 질문을 읽고 생각하고 논의한 다음 잼보드의 기능을 활용해 할당된 프레임에 답변을 작성한다.

그룹별 프레임이 완성되고 나면 학급은 메인 세션으로 돌아와 학급 전체로 모인다. 교사는 완성된 잼보드를 화면 공유 기능을 이용해 함께 감상할 수 있도록 한다. 타이머를 사용하여 조별 프레임을 볼 수 있다. 잼보드의 프레임을 보는 것이 마치 갤러리의 그림을 감상하는 행위와 비슷하여 '갤러리 워크'라고 부른다. 갤러리 워크를 하는 동안 학생들은 자유롭게 소통할 수 있고 교사도 피드백을 제공한다.

4) 협업 글쓰기

온라인 수업에서 협업 글쓰기 활동을 할 때 잼보드를 활용할 수 있다. 모둠별로 아이디어를 내고 글의 구성을 짜고 완성하는 데 잼보드 프레임이 유용하기 때문이다. 글쓰기 주제는 수업 내용에 관한 것도 좋고, 교사가 시작 프롬프트를 제시하고 뒷이야기를 상상해 보는 글쓰기도 재미있다. 협업하는 과정에서 기발한 내용으로 글이 전개되기도 하고 다른 팀원들과 이견을 조율하는 스킬도 배운다.

5) 연상 단어

연상 단어는 포도송이가 서로 연결되어 있듯 관련된 단어들을 잼보드의 도형, 도표, 다이어그램을 활용해 표현하는 활동이다. 교사가 그룹별로 첫 단어를 제시해 주면 각 그룹은 협업하여 관련된 단어들

을 생각해 내고 그 관련성을 잼보드의 프레임에서 보여주면 된다. 이
활동은 영어와 같은 언어 수업에서 어휘 확장의 목적으로 진행될 수
도 있고 수업 내용과 상관없이 쉬어가는 게임으로 부담 없이 즐길 수
도 있다.

6) 그룹 프로젝트 얼개 구성

수업 중 구현되는 모든 그룹 프로젝트는 토론을 통한 사전 구성이
매우 중요하다. 탄탄한 얼개가 있어야 일관성 있고 목적에 맞는 내용
으로 프로젝트를 완성해 나갈 수 있기 때문이다. 잼보드의 프레임과
다양한 기능은 그룹이 협업하여 얼개를 완성하는데 최적화되어 있다.
얼개의 모양은 그룹이 원하는 방향으로 꾸며볼 수 있다.

7) 패널 회의 구성

패널 회의는 토론 집단을 패널 멤버와 청중으로 나누고 시작된다.
먼저 학생들은 정해진 주제에 대해 각 분야의 전문가인 패널 멤버로
역할이 분담되고, 의견을 발표한다. 각 패널 멤버의 의견이 제시되면
청중과 패널 멤버 사이에 질의응답 하는 시간이 있고, 이 모든 과정은
사회자가 이끈다.

2021년 봄 학기의 한 수업에서 그룹 활동으로 패널 회의를 진행했
었다. 수업에서 패널 회의 진행을 위해, 먼저 학생들을 5인 1조로 나
누었다. 그룹마다 수업 내용과 관련된 주제를 하나 선정하고 각 팀원
의 역할을 정하도록 요청했다. 한 명은 사회자, 나머지 팀원들은 관련

분야의 전문가처럼 가장해야 하기 때문이다.

어떤 내용을 누가 발표할 것인지 충분한 토론을 통해 계획해야 한다. 주제 선정부터 팀원 역할 배정, 내용 구성에 이르는 패널 회의의 전 과정은 잼보드의 시각화 작업을 통해 효과적으로 진행할 수 있다. 다음은 학생들이 패널 회의 사전 구성을 위해 잼보드를 활용한 예이다.

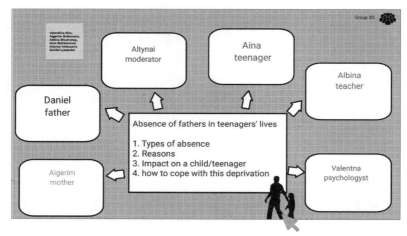

잼보드 패널 회의 활용 예시

02

온라인 역할극, 언어 훈련에 효과적

역할극은 우리가 삶에서 경험하는 다양한 문제를 다룬다. 상황을 조금 극화시켜 학생들이 각기 다른 역할을 맡아 연기를 하고, 나머지 학생들은 관찰자나 비평가가 되어 연기가 끝난 후 토론을 진행하는 교수 학습 방법이다. 공감 능력 향상에 탁월한 효과가 있다.

역할극을 통해 배우는 공감 능력과 상호 작용 능력은 사회생활을 원활히 하는 데 꼭 필요한 스킬이기에 평생의 자산이 된다. 누구라도 완전한 공감을 받았을 때 힘과 용기가 새롭게 생겨 회복되었던 경험이 있을 것이다. 나 자신도 그런 경험이 있는지라 온라인 수업 가운데 학생들이 이런 소통 방법을 배우고 느낄 수 있도록 역할극을 자주 활용하는 편이다.

내가 그런 공감을 받은 경험은 2015년 9월 그림 같은 가을날로 거슬러 올라간다. 그즈음 둘째 아이 호산이를 출산했다. 출산의 기쁨도 잠시, 친정어머니께서 많은 도움을 주셨음에도 불구하고 아이 둘을 키우며 일을 병행하기는 쉽지 않았다. 친정어머니는 물론 남편도 열심히 도와주어서 오히려 힘들다고 표현하기 어려웠고, 표현하면 안 된다는 강박감이 있었다.

그러던 어느 날 저녁, 식사 후 멍하니 홀로 방에 앉아 있었다. 몸이 너무 피곤했고, 머릿속은 해야 할 많은 일로 유난히 복잡했던 날로 기억한다. 그때 남편이 내가 앉아 있는 컴컴한 안방으로 조용히 들어왔다. 손에는 따뜻한 라떼와 달콤한 쿠키가 담긴 쟁반이 들려 있었다. 그리고 이렇게 말했다. "힘들 땐 따뜻한 음료와 달콤한 쿠키가 도움이 돼. 이거 먹어."

나는 그때 위로와 소통의 또 다른 방법을 배웠다. 어른, 친구, 선생님의 조언이 필요할 때도 있지만, 대부분은 자신이 답을 알고 있다. 누군가 나의 처지를 알고 공감해 준다는 사실만으로도 큰 위로가 된다. 내 안에 이미 있는 해답을 몸으로 실행에 옮기는 계기가 되는 것이다.

교육 현장도 이와 크게 다르지 않다. 교사가 학생을 또는 학생이 교사를, 또 친구들 사이에 서로 공감해 주는 분위기만 형성되어도 큰 동기 부여가 되고 배움의 결과도 달라진다. 이런 공감은 교실 역할극을 통해 구현해 볼 수 있다.

역할극은 학생 중심적이고 활발한 상호 작용을 일으킬 수 있어 대면 수업에서 많이 사용되었다. 온라인 수업에서 역할극을 하면 실제

미래 교육 협동 수업이 답이다

연기를 보여주는 데 약간의 제약이 있지만 제한된 몸동작과 목소리 연기 등을 통해 극복할 수 있다. 오히려 지루하고 밋밋한 온라인 수업에 신선함과 활기를 불어넣어 그 효과가 두드러진다. 학생들이 기상천외한 아이디어를 동원하여 역할을 소화해 내기 때문이다.

학습자는 보통 자신과 관계없는 역할을 맡음으로 타인의 관점에서 상황을 바라보고 객관적으로 분석해 볼 수 있다. 인간관계의 문제가 녹아 있어 다른 사람의 견해나 감정을 이해하는 데 효과적이다. 또한, 다양한 문제를 간접적으로 접할 수 있어 학습자의 문제 해결 능력도 발달시킬 수 있다.

학습자의 태도, 행동, 가치에 대해 고민하고 통찰력을 기르는 활동이며, 특히 외국어 수업에서 자주 활용된다. 특정 상황을 설정하여 관련된 표현을 배우고, 학생들이 역할극을 하면서 언어를 습득에 효과적이기 때문이다.

표정과 목소리가 표현 수단

지난 봄 학기 수업 중 '어린이 미디어 중독'이라는 주제를 다룬 시간이 있었다. 미디어 노출에 대한 각 사람의 입장과 이유가 천차만별이라 서로의 의견을 좀 더 수월하게 이해하기 위해 온라인 역할극을 시도해 보았다.

우선 줌 소그룹 회의 기능을 이용해 학생들을 4인 1조로 편성했다.

각 조원이 어떤 역할을 맡을 것인지 의논하고 역할에 따른 입장과 타당한 이유를 대사로 구성하여 시나리오를 만든 후 연습 시간을 주었다. 충분한 연습이 이루어지고 '온라인 무대'에서 조별로 역할극을 시연했다.

결과는 대단히 성공적이었다. 대부분 조마다 아동, 엄마, 아빠, 선생님, 형제 또는 자매를 등장인물로 내세웠지만 주인공은 달랐다. 온종일 미디어에서 벗어나지 못하는 아이 때문에 너무나 괴로워하는 엄마의 일상을 그린 역할극도 있었고, 미디어에 중독될 수밖에 없는 아이의 입장을 생생하게 표현하여 공감을 끌어낸 조도 있었다.

온라인 역할극이라 표정과 목소리가 주된 표현 수단이었지만 학생들은 역할에 맞는 소품이나 상의를 이용하여 실제 상황을 최대한

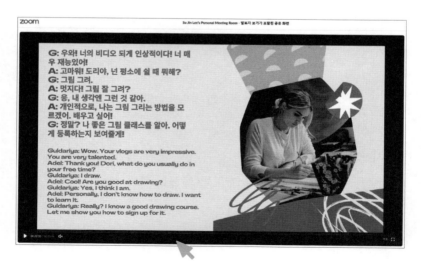

한국어 수업에서 학생들이 만든 온라인 역할극 대화 예시

미래 교육 협동 수업이 답이다

재현하기 위해 애썼다.

　역할극 시연이 무척 재미있었으며 시연 후 토론도 의미 있었다. 미디어 중독을 단순히 나쁘다고 몰아붙였던 관점에서 벗어나 왜 그런 일이 일어나는지에 대하여 아이의 편에서 생각해 볼 기회가 되었던 것이다. 미디어에 빠진 아이를 지켜보고 교육하는 일이 얼마나 힘든 일인지 간접 경험도 할 수 있었다.

　뿐만 아니라 미디어에 과의존하는 아이들은 수업 시간에도 스마트폰을 놓지 못하는 경우가 대부분이라 교실 상황을 연출한 그룹의 역할극도 흥미진진했다. 내려놓고 싶지만 스마트폰이 없으면 불안한 초등학생과 원활한 수업 진행을 위해 학생을 훈육하는 교사의 입장이 마음에 와닿았기 때문이다. 역할극에 참여했던 학생들도 조별로 협업하는 과정이 때론 힘들어도 많이 배우고 성장하는 과정이었다는 피드백을 주었다.

　온라인 역할극을 외국어 수업에 구현하면 재미와 언어 습득을 동시에 달성할 수 있다. 지난 여름 학기 중급 한국어 수업에서 취미에 관련된 표현과 단어를 익힌 후, 그룹별로 대화문을 만들어 줌에서 역할극을 했었다. 학생들은 자신의 이야기를 대화로 표현할 수 있어 즐거워했고, 언어 연습은 덤으로 주어졌다. 온라인 역할극을 가상으로 꾸미면 다른 처지를 이해하는 경험을 할 수 있고, 자신의 실제 이야기를 역할극으로 꾸미면 생생하게 자기표현을 할 수 있어 또 다른 동기 부여가 된다.

이렇게 좋아 보이는 역할극도 교사의 적절한 지도가 없으면 시간 낭비로 끝나기 일쑤이다. 온라인이든 오프라인이든 학생의 준비, 실행 및 사후 토론 등 상당히 많은 시간과 노력이 필요하다. 이 말인즉슨 단계별로 교사의 안내와 모니터링이 필요하다는 의미다.

또 역할극 내용이 학습자의 실제 삶과 직접적인 연결이 없어 역할에 대한 책임감이 결여될 가능성이 있다는 것이 단점으로 꼽힌다. 따라서 다음에서 제시하는 역할극의 장단점[23]을 잘 고려하여 온라인 역할극 시 명심하면 좋을 듯하다.

먼저 역할극의 장점은 강의나 토론에서 결핍되기 쉬운 현실감을 느낄 수 있다는 것이다. 지식 주입으로 끝나는 수업이 아닌 체험으로 익히는 것이기에 인과 관계에 대한 문제를 깊이 탐색하여 훨씬 입체적이고 적극적인 수업이 된다.

게다가 타인의 입장을 연기해야 하므로 다른 사람의 상황을 이해하고, 자신의 행동이 어떤 영향을 미치는가에 대해 고찰하게 되며 갈등의 원인을 풀어 갈 수 있다. 이것은 주제를 깊이 이해하는 기회가 된다.

역할극을 하며 인간의 상호 작용에서 발생하는 공통적인 문제가 무엇인지를 이해하여 통찰력 및 실제 문제에 직면했을 때 효과적으로

---

23) 출처 : 목원대학교 교수 학습지원센터 공식 웹페이지

미래 교육 협동 수업이 답이다

대처하는 문제 해결 능력을 함양할 수도 있다. 또 스스로 역할에 몰입하여 자신의 판단을 정당화해야 하는데 이 과정을 통해 자율적인 도덕성을 높이는 기회가 되기도 한다.

또한 온라인 수업에서 역할극을 활용하면 학생들 간의 협력성을 높이는 한편 서로 간에 대화를 촉진하게 되어 온라인 수업에서 발생하는 친밀감 결여 문제에 도움이 된다. 역할극은 규칙이나 경쟁 없이 자유로운 분위기에서 이루어지기 때문에 학생들의 소통이 훨씬 유연해지고 자연스럽게 이야기의 물꼬를 틀 수 있다.

이러한 것들을 실제 현장에서 경험하는 것은 비용이나 기간, 실현 가능성의 문제에 부딪힐 수 있지만, 역할극은 경제적 부담에서 자유로워 손쉽게 활용할 수 있다. 게다가 실패에 대한 두려움 없이 간접 경험을 한다는 것도 매력적이다.

역할극에도 단점은 있다. 아무리 상황 설정을 잘한다 해도 생생하게 재현해 내기란 어렵다. 특히 온라인상에서 이를 극화하는 것에는 더 큰 제약이 따른다. 역할극을 준비하고 시연하며 간접적인 경험과 태도의 변화는 오래가지 못한다. 물론 인식의 전환을 끌어낼 수는 있지만 직접 경험이 아니므로 생명이 짧다.

준비에서부터 시연까지 시간의 소모가 크다는 점과 학생의 참여 의욕과 적극성에 따라 수업의 성패가 결정될 수도 있다. 따라서 역할극을 위한 조를 나눌 때 적극적으로 주도할 조장을 지정하는 것도 좋은 방법이다.

03

구글 문서로 구현하는 협업 활동 5가지

구글 드라이브(Google Drive)는 파일을 온라인에 저장하는 기능 외에 다양한 도구를 포함한다. MS워드와 유사한 구글 문서(Google Docs), 파워 포인트와 비슷한 구글 슬라이드(Google Slides), 온라인 설문 조사 플랫폼 서베이 멍키와 유사한 구글 폼(Google Forms)이 대표적인 예이다.

이 세 가지 도구는 온라인 수업에서 협동 수업을 진행하는 데 최적 화되어 있어 국내외 많은 교육 기관에서 활용 중이다. 학생들에게 구 글 드라이브에 대한 액세스 권한을 제공한다면 구글 도구에 참여하여 협업 문서를 작성하거나 그룹 발표 자료를 만들 수 있다.

우리가 흔히 알고 있는 단순한 기능 외에도 구글 드라이브를 활용 해 온라인 상호 작용 수업을 만드는 여러 방법이 있는데 먼저 구글 문 서로 구현할 수 있는 협업 활동을 소개하고자 한다.

1) 협업 문서 작업

클라우드 기반의 구글 문서는 학생들 여럿이 동시에 접속하여 문서 작업을 하는데 최적화되어 있다. 이 신기한 도구를 통해 스토리, 리서치 보고서, 연극 대본, 다양한 작문 프로젝트를 협업으로 완성할 수 있다. 구글 문서의 '코멘트 기능'을 활용하며 그룹 구성원들 간 피드백을 주고받으며 최종 결정을 하는데 용이하다.

특히 리서치 보고서를 작성할 때 가장 큰 이점은 내장된 도구를 사용해 이미지, 기사, 비디오와 같은 관련 자료들에 대한 링크를 삽입하고 각주와 함께 텍스트 내 인용까지 포함할 수 있다.

또한 인터넷 연결만 되면 어느 장소에서라도 작업할 수 있어서 협업이 수업 시간에 제한되지 않고 각 그룹 구성원들이 시간이 날 때마다 프로젝트에 참여할 수 있다.

2) 모둠별 서평

모둠별로 친구들에게 추천하고 싶은 책을 선정하여 구글 문서에 서평을 작성하고 학급 친구들과 공유할 수 있다. 다양한 리뷰를 모아, 마치 하나의 책처럼 만들어 보자. 표지 이미지를 만들고, 소개하고자 하는 책과 관련된 링크도 넣고, 심지어 저자가 쓴 다른 책 목록이나 책의 주제와 관련된 깊이 있는 정보까지 제공할 수 있다. 나이가 어린 학생들이라면 재미 위주로 책 리뷰 활동을 하고 중등 이상일 경우 좀 더 정교하고 완성도 있는 서평을 목표로 해도 좋겠다.

3) 조별 공동 노트

줌 '소그룹 회의' 기능을 이용한 조별 모임은 온라인 수업에서 가장 많이 구현되는 협업 활동 형태이다. 하지만 온라인 수업의 조별 활동은 대면 수업과 달리 어떻게 진행되고 있는지 확인하기가 어렵다. 점검할 수 있는 유일한 방법은 활동 중에 교사가 각 방에 참여하는 것인데 그룹의 개수가 많으면 시간 소요도 많고 번거롭다.

이런 경우 구글 문서를 활용해 조별 공동 노트를 작성하게 하면 실시간으로 교사가 활동 과정을 확인할 수 있어 매우 편리하다. 가끔 특정 모둠이 활동을 잘못 이해하여 노트의 내용이 엉뚱하게 흐르면 교사가 그 조에 참여하여 방향을 재설정하도록 도움을 줄 수도 있다.

4) 협업 활동지

온라인 수업 시 구글 문서를 활용해 진행되는 협업 활동지는 정해진 시간에 완수해야 할 과업이 분명하다. 따라서 느슨해질 수 있는 온라인 수업에 속도감과 긴장감을 부여할 수 있다. 먼저 교사가 구글 문서로 협업 활동지를 만들어 링크를 공유한다.

각 모둠에서는 링크를 따라가 활동지 문서를 열어 '새 창에서 열기'를 클릭하면 교사가 만든 활동지가 나타난다. 이때 왼쪽 위의 '파일' 탭에서 '사본 만들기'를 클릭하여 각 모둠의 이름으로 저장하면 된다. 중요한 것은 협업 활동지이므로 '사용자 및 그룹 공유'에서 조원들의 구글 계정을 넣어 모두가 편집 작업에 참여할 수 있도록 설정해야 한다는 점이다.

교사의 계정도 공유 그룹에 포함하도록 사전 안내하면 해당 활동지 확인과 피드백이 쉽다. 조별 경쟁 구도를 만들어 주면 동기 부여가 된다. 만약 활동지가 수업과 관련된 간단한 퀴즈라면 빠르고 정확하게 완성하는 모둠에 인센티브를 줄 수 있다.

5) 직소 활동

협동 수업에서 가장 많이 볼 수 있는 모형이 직소(Jigsaw)이다. 퍼즐 놀이를 연상하면 쉽게 이해된다. 퍼즐의 각 조각은 고유의 역할이 있어 하나라도 빠지면 완성된 그림을 볼 수 없다.

퍼즐의 개념을 소그룹 활동에 그대로 적용해 보자. 먼저 교사가 그룹별로 완수해야 할 활동지를 작성하여 링크로 공유한다. 각 활동지에는 그룹 구성원들의 이름과 수행할 과제도 할당되어 있어 그룹원 모두가 자신의 부분을 채우면 활동지가 완성된다.

그리고 팀원들에게 자신이 맡은 부분을 설명해 주면 직소 활동은 성공적으로 끝난다. 교사는 활동지가 채워지는 과정을 구글 문서로 실시간 확인하면서 적절한 피드백을 제공할 수 있다. 이러한 직소 활동은 그룹 전체가 서로 의지하고 있는 형태라 개별 학생이 책임감을 느끼고 맡은 바 임무를 수행하는 데 효과적이다.

04

구글 슬라이드로 발표 자료 만들기

구글 슬라이드는 협동 발표 준비에 적합하다. 구글 슬라이드에 내장된 다양한 템플릿과 다른 애플리케이션을 통합하여 사용할 수 있으며 애니메이션 슬라이드를 만드는 것도 가능하다. 클라우드 기반이므로 인터넷만 연결되면 어느 디바이스에서나 작업할 수 있고 메모리 카드나 하드 드라이브에 대해 걱정할 필요가 없다는 것도 큰 장점이다.

추가 탭에서 불러오는 응용 프로그램

구글 슬라이드에서 다른 프로그램을 불러와 수업을 진행하는 방법은 다음과 같다. 추가(Adds-ons)탭에서 추가 기능 불러오기(Get add-ons)를 선택하고 구글 슬라이드에서 사용 가능한 응용 프로그램을 확인한

구글 슬라이드를 위한 페어덱

다. 페어덱(Pear Deck) 애플리케이션을 선택하고 설치하면(니어팟을 설치하고 몇 가지 기본 기능을 사용할 수도 있음), 구글 슬라이드를 위한 페어덱(Pear Deck for Google Slides Add-on)이 나타나고 클릭하면 페어덱 기능이 있다.

페어덱에서 녹색 'Start Lesson: 레슨 시작' 버튼을 누르면 모드가 나타난다. 학생 진행 모드(Student-paced Mode)와 실시간 프레젠테이션 모드 중 하나를 선택한다. 링크를 복사하여 학생들과 공유한 후 수업을 진행할 수 있다. 페어덱에는 여러 가지 유형의 질문을 슬라이드에 추가할 수 있는 기능이 있어, 상호 작용형 수업 슬라이드를 만들기에 유용하다. 온라인 수업에서 맞닥뜨리는 협업의 어려움 해소에 탁월하다고 볼 수 있다.

구글 슬라이드를 온라인 수업에서 활용하는 몇 가지 방법을 소개하면 다음과 같다.

1) 대화형 프레젠테이션 작업

학생들은 소그룹 활동으로 구글 슬라이드에서 상호 작용이 가능한 프레젠테이션을 구현할 수 있다. 가르쳤던 수업 중 '온라인 수업 에티켓'이라는 주제로 각 그룹이 발표한 적이 있는데 한 그룹의 대화형 프레젠테이션이 아직도 기억에 남는다.

그들은 구글 슬라이드를 통해 '온라인 수업 중 선생님이 말씀하실 때 학생들은 모두 음소거 모드로 있어야 하나요?'라는 질문을 던지며 발표를 시작했다. 다음 슬라이드에는 여러 연구에 근거한 관련 통계 자료가 있었고, 구글 드라이브의 '추가 기능'을 활용해 다양한 이미지, 사진, 그래프 등의 소스들을 가져와 생생한 상호 작용으로 이어졌다. 이 발표는 친구들의 적극적인 참여를 끌어내어, 흥미롭고 성공적이었다는 평가를 받았다. 발표를 마치고 해당 그룹 구성원들은 자신감 상승과 함께 의욕이 넘치는 모습까지 보였다.

2) 공동 작업실

온라인이든 오프라인 수업이든 발표는 학생의 수업 이해 정도를 측정하고, 의사소통 능력 함양에 꼭 필요한 주요 활동이다. 온라인 수업에서 구글 슬라이드는 그룹 발표를 위한 학생들의 좋은 공동 작업실이 된다.

한 그룹당 3명의 학생으로 이루어진 5개의 그룹이 있다고 가정해 보자. 학생들은 온라인상에서 만나 발표에 대해 의논하고, 화면 공유로 구글 문서를 열어 개요를 작성한다. 다음으로 구글 슬라이드에 3명의 학생이 동시에 접속하여 발표 자료를 만들 수 있다.

소통하고 피드백을 주고받기에 쉬우며 교사도 다섯 그룹 모두에 접속해 피드백을 제공한다. 각 그룹은 교사의 코멘트를 바탕으로 발표 슬라이드를 계속해서 편집, 수정하며 완성해 나갈 수 있다. 구글 슬라이드라는 공동 작업실은 학생들이 직접 만나지 않아도 충분히 협업할 수 있는 온라인 공간이다.

3) 전자책

구글 슬라이드의 템플릿은 미니 교과서, 그림책, 요리책, 설명서, 미술 작품 모음집, 글쓰기 포트폴리오 등 다양한 전자책 제작을 위한 도구를 제공한다. 또한 협업 작품으로 PDF 잡지나 뉴스레터를 만들어 정기적으로 공유하는 플랫폼으로도 매우 유용하다.

학생들의 창의성은 무궁무진하므로 전자책의 종류에는 제한이 없다. 공통 관심사를 가진 친구들이 클럽을 형성하거나 한 모둠이 되어 특정 주제에 대해 정기적으로 이야기를 나누고 구글 슬라이드를 이용해 PDF 뉴스레터를 만들어 학급 또는 학교 전체에 공유한다면 훌륭한 협업 활동이 될 수 있다.

4) 영상 제작

구글 슬라이드를 통해 영상 제작도 가능하다. 주제를 선정하고, 관련된 이미지를 올린 후 슬라이드 쇼에 텍스트 상자를 추가하여 애니메이션 스토리를 만든다. 다음으로 스크린캐스팅(Screencastify)이라는 구글 확장명으로 슬라이드 쇼를 녹화하면 영상물이 완성된다. 학생들은 목소리를 내레이션으로 녹음하고 배경 음악도 추가할 수 있다.

이런 영상 제작은 협업 활동으로 아주 재미있게 진행된다. 수업 관련 내용부터 취미, 뉴스, 정치, 경제에 이르기까지 다양한 영상을 제작하고 공유하면서 친밀감도 쌓고 모르는 내용에 대해 배우는 기회가 되기도 한다.

실제로 영상 제작 활동이 수업에 긍정적인 영향으로 작용한 적이 있어 그 사례를 소개하고자 한다. 팬데믹이 시작된 지 얼마 되지 않았던 2020년 4월, 학생들은 생소한 온라인 수업 참여와 엄격한 검역으로 바깥 활동을 하지 못해 스트레스가 이만저만이 아니었다. 어떤 학생은 알레르기 반응으로 얼굴과 눈이 붓고 가려움증이 나타나 출석이 어렵다고 연락이 오기도 했고, 여러 학생이 극심한 두통이나 신경성 복통에 시달리기도 했다.

학생들의 어려움을 공감해 주고 함께 극복하기 위해 시도했던 프로젝트가 'COVID-19 일상 영상 제작'이었다. 먼저 각 학생이 팬데믹 상황에서 자신을 가장 잘 나타내는 모습 또는 어려움을 묘사하는 사진을 간단한 텍스트와 함께 구글 슬라이드에 올렸다. 모든 학생의 자료가 업로드된 후, 동영상 편집 및 제작을 맡은 학생은 스크린캐스팅 프로그램을 이용해 재미있는 내레이션과 적절한 배경 음악을 넣어 동영상을 완성하였다.

이 영상이 구글 드라이브를 통해 공유되었고 학생들과 함께 동영상을 시청하며 모두가 비슷한 어려움을 겪고 있고 혼자가 아니라는 사실에 모두가 위로받고 용기를 얻었다. 간단한 프로젝트였지만 학생들 간 연대와 관계를 돈독히 하는 데 큰 도움이 되었고, 온라인 수업 분위기에도 긍정적인 영향을 미쳤다.

05

온라인 토론과 디베이트 참여하기

미국 유학 시절 가장 어려웠던 일은 대부분 수업에서 진행되는 토론과 디베이트(Debate)에 참여하는 것이었다. 교사와 학생의 관계가 수직적인 주입식 교육에 익숙했던 터라, 나는 어떤 주제에 대해 비판적 사고(Critical Thinking)를 한다는 것 자체가 어려웠다.

솔직히 말해 비판적 사고가 무엇인지조차 잘 몰랐고, 어떤 발언을 하면 다른 사람의 의견에 반박하여 상대방의 기분을 상하게 하지는 않을까 하는 염려가 앞섰다. 지금에서야 말이지만 이는 비판적 사고에 대한 무지에서 비롯된 기우였다.

비판적 사고의 핵심은 남을 비판하는 것이 아니라 자기중심성에서 벗어나 다른 사람의 의견을 존중하는 것이다. 즉 비판적 사고는 다른 사람의 의견을 인정하는 데에서 시작된다. 유학 시절 비판적 사고에 대한 이해가 조금이라도 있었다면 부족한 영어 실력이었지만 나의 의견을 표현하는 수업이 그렇게 힘들지는 않았을 듯하다.

나의 경험을 교사 중심의 주입식 교육이 보이는 한계라고 해도 무리가 없겠다. 수업 진행 과정에서 학생들의 다양한 의견이 충분히 표현되고 인정되지 않았기 때문에 교사로부터 전달받은 지식을 그대로 수용하고 암기하는 데 급급하여 비판적 사고 능력을 키워나가는 데 어려움을 겪은 것이다.

미래 사회 핵심 역량은 의사 소통 능력

미래 사회의 필수 역량으로 꼽히는 비판적 사고 능력은 수업 중 진행되는 토론이나 디베이트로 쉽게 함양할 수 있다. 토론과 디베이트는 비슷해 보이지만 엄연히 다르다. 토론은 형식적 제약이 없고, 다양한 결과가 허용된다. 예를 들어 '대한민국에서 가장 인기 있는 휴양지'에 대해 토론한다고 하자. 어떤 학생은 제주도, 또 다른 학생은 강원도 속초, 또 어떤 학생은 지리산 등 다양한 답변과 그에 대한 근거를 이야기할 수 있다.

하지만 디베이트는 형식이 정해져 있고 안락사나 낙태 허용과 같은 찬반양론이 분명한 주제로 진행된다. 참여하는 학생들은 찬성팀과 반대팀으로 명확하게 나누어진다. 디베이트 활동의 주체는 학생이 되며 교사의 역할은 디베이트가 원활하게 진행되도록 돕는 코치의 역할이다. 찬성팀과 반대팀은 팀별로 서로 협업하여 토론 전략을 짜고 집중하여 토론에 참여하며 청중을 설득해야 한다. 디베이트를 준비하고 진행하는 과정에서 미래 사회의 핵심 역량인 의사소통 능력과 협동 스킬을 자연스럽게 키울 수 있다.

문제 해결 능력을 높이는 디베이트

형식이 정해져 있는 토론 디베이트는 '입안-교차 질의-반박-교차 질의-요약-전원 교차 질의-마지막 초점' 순으로 진행된다. 특히 퍼블릭포럼디베이트는 독서 토론을 이끈다. 각자의 역할과 시간이 주어지기 때문에 학생 모두 참여할 수밖에 없다. 주어진 시간 내에 발언해야 하므로 꼭 필요한 말을 선별하고 정리해야 하며, 논리적인 발표와 질의응답을 위한 경청은 필수이다.

과연 디베이트 수업이 온라인으로 가능할까? 이에 대해 디베이트 수업 전문가인 양진희 코치는 충분히 가능하지만 온라인에서 이루어지는 만큼 학생들의 이해를 돕고 참여를 유도하기 위한 꼼꼼한 자료 수집과 수업 설계가 선행되어야 함을 강조한다. 즉 온라인 디베이트 수업에 앞서 충분한 준비가 필요하다는 말이다.

그 대표적인 예가 수업에 활용할 이미지와 영상, 파워포인트 디자인이다. 아무래도 비대면 수업이다 보니 매력 넘치는 시각 자료를 활용하여 학생들이 스스럼없이 참여할 수 있는 온라인 수업 환경을 조성하는 것이 교사의 주요 역할이 된 것이다.

미래 교육 협동 수업이 답이다

본격적인 디베이트를 하기 전 배경 지식 습득도 중요하다. 관련 주제에 대한 사전 지식을 위해, 마인드맵을 활용한 사전 토의나 관련 주제로 글쓰기를 진행하면서 학생들이 생각을 정리할 기회를 주는 것이다.

디베이트는 찬성과 반대팀으로 나누어 토론한다. 줌 플랫폼의 소회의실 기능과 플랩타임을 이용해 팀끼리 작전 회의를 해야 한다. 양진희 코치는 각 팀이 소회의실에서 의견을 정리하고 있을 때 각 방에 참여하여 코칭을 한다고도 하였다.

기록 기능을 이용해 녹화된 디베이트를 함께 모니터링 하는 시간을 갖기도 한다. 셀프 모니터링을 통해 자신의 장단점을 객관적으로 분석하고, 다음 디베이트 때 약점을 보완하는 것이다. 각 그룹의 협업 모습도 녹화 화면을 통해 볼 수 있다. 미처 알아차리지 못한 실수들을 확인하고 수정하는 것은 더할 나위 없이 중요한 과정이며 더 나은 디베이트를 위한 준비 작업이다.

양진희 코치는 "선생님, 인간의 욕심은 왜 끝이 없을까요? 디베이트를 위해 읽은 책에는 욕심으로 인한 갈등이 꼭 등장하는 거 같아요."라는 초등학교 4학년 남학생의 질문이 잊히지 않는다고 했다. 특정 주제에 대해 깊이 생각하고 자기 뜻을 정하는 것은 대면과 비대면 상관없이 중요한 디베이트의 목적이다. 이것이 바로 수업 주제에 참여시키는 디베이트 코치의 중요한 역할이기도 하다.

디베이트 활동은 어떤 책 또는 사건을 다루든, 내용을 생각하며 곱씹을 수 있게 하고 명탐정이 가진 예리한 질문법으로 문제 해결 능력을 기를 수 있게 도와주므로 온라인 협동 수업에 적극적으로 추천된다.

프로젝트 기반 학습

우리나라 학생들은 초등학교 입학부터 대학교 졸업까지 평균 15~16년의 세월을 학교에서 보낸다. 학교생활을 통해 지적인 측면과 기본적인 예절, 소통하는 방법, 관계 형성 등 여러 가지를 배우고 성장한다. 그런데도 학교에서 공부한 지식 대부분이 실제와 동떨어진 경우가 많아 사회에 적응하기 위해서는 재교육이라는 또 다른 과정이 필요하다.

프로젝트 기반 학습(Project based learning: PBL)은 공교육의 이런 약점을 보완해 준다. 교육 연구원 실비아 차드(Sylvia Chard)는 PBL에 대해 "프로젝트 기반 학습의 주요 장점 중 하나는 학교를 좀 더 현실적인 장소로 만든다는 점이다. 이 학습은 아이들의 충분한 관심과 노력이 필요한 일상에 대한 것이다."라고 이야기한 바 있다.

PBL은 해결해야 할 문제 또는 개발해야 할 제품을 학습자에게 제시함으로써 학습을 맥락화하는 교수적 접근법이다. 학습의 주체는 학생이며 교사는 학생이 목표를 달성하도록 도와주는 역할을 한다. PBL을 더 효과적으로 만들기 위해서는 탐구 중심의 주제를 선정하고 교사의 적절한 피드백과 지도가 필요하다.

영어 교과목에 PBL을 적용한다고 가정할 때 다음과 같은 주제를 예시로 생각해 볼 수 있다(영어 수업이므로 영어가 주 언어로 사용되며 필요에 따라 모국어를 병행한다).

- 한국 전통 음식 하나를 선정하여 그 요리법을 외국인에게 알려 주기
- 가짜 뉴스가 무엇인지 설명하고 선별하는 방법 조사하기
- 미디어 중독 원인 조사하기
- 영어 수업을 재미있게 만드는 방법 알아보기
- 우리 도시의 다양한 명소를 그림으로 그리고 설명하기
- 가족 구성원 또는 친구에게 간단한 영어 회화 가르쳐 주기

- 성공적인 온라인 학습법 조사하기
- 외국인 친구에게 한국 문화와 인사말 알려 주기

    PBL은 소그룹 기반 협업 활동이며 '주제 선정-계획-조사-공유'라는 네 단계를 거치는데 이 과정에서 교사의 조언은 조별 프로젝트 성공 여부를 결정할 정도로 중요한 역할을 한다.

    PBL의 가장 큰 장점은 팀으로 협업하여 목표 달성하는 법을 배우고 소통과 협상을 위한 실제적 언어 사용에 능숙해진다는 점이다. 또한, 계획하기, 조직하기, 의견 표현하기, 인정하기 등 기본적인 생활 기술을 발전시키므로 매우 실질적이고 훌륭한 교수 방법이라 하겠다.

    팬데믹으로 인해 전 세계가 시시각각 변하고 있고 교육은 온라인 시대로 완전히 접어들었다. 교실 수업에서 PBL을 활발하게 구현했던 교사도 온라인 수업을 하게 되면서 강의와 워크시트로 돌아섰을지 모른다.

    비록 원격 학습 환경일지라도 PBL은 물론 교실 수업과 동일한 수준의 질문, 비평, 성찰, 코칭 및 협업을 할 수 있다. 어떻게 하면 온라인에서도 학생들을 협업 프로젝트에 참여키고, 사회적·정서적 요구까지 충족시킬 수 있을지 그 비법을 소개하고자 한다.[24]

    첫 번째는 조별 프로젝트 플래너 만들기다. 온라인 수업에서 학생들이 가장 힘들어하는 부분 중 하나가 시간 관리인데, 그룹별로 진행되고 있는 프로젝트의 흐름을 보여주는 플래너는 계획성 있게 프로젝트를 완수하는 데 큰 도움이 된다.

    구글 문서를 통해 교사와 조원들이 공유할 수 있도록 하고, 날짜별로 완수해야 할 과업과 주요 질문, 진행 상황 등이 플래너에 포함될 수 있다. 막연한 계획을 시각화하면 동기 부여도 되고 중요한 일들을 빠뜨리지 않고 차근차근 풀어 나갈 수 있어 효율적이다.

---

24) Kelly Reseigh & Jorge Valenzuela (2020). 4 Tips for Remote PBL with the "Making Space for Change" Project. PBL Works. https://www.pblworks.org/blog/4-tips-remote-pbl-making-space-change-project 참조

두 번째는 개별 학생을 존중하는 교사의 피드백이다. 온라인 수업의 경우 학생들과 물리적으로 함께할 수 없으므로, 학생 개인의 감정을 배려하는 접근이 성공적인 학습에 큰 영향을 미친다. 교사는 이 점을 염두에 두고 프로젝트와 관련하여 학업적인 필요를 채워 주는 피드백을 제공해야 한다.

개별 학생의 감정적·학습적 필요는 1:1 온라인 상담을 통해 파악하는 노력이 필요하다. 온라인 학습의 어려움은 무엇인지, 현재 진행 중인 프로젝트의 목표는 무엇이며 이를 달성하기 위해 어떤 노력을 하고 있는지, 프로젝트 활동에서 필요한 도움은 무엇인지 등의 이야기를 나누고 문제점을 풀어 나간다면 행복한 온라인 PBL 수업을 만들어 갈 수 있다.

세 번째는 그룹 협업을 위한 디지털 공간 만들기이다. 조별로 협업하는 법을 배우고 익숙해지는 것은 다소 시간이 걸리고 연습이 필요하다. 특히 온라인이라는 생소한 공간에서의 소통과 작업은 어려울 수 있다. 하지만 이러한 경험은 학생들에게 도전 과제를 주고 학문적으로 자극하여 의사소통과 문제 해결 능력을 모두 향상시키는 절호의 기회다.

이 모든 팀 작업을 가능하게 하는 줌 소회의실과 같은 디지털 공간의 지원은 필수적이다. 수업이 끝난 후에도 팀별 활발한 소통이 가능하도록 적절한 온라인 미팅 플랫폼 안내가 꼭 필요하다.

마지막은 프로젝트를 의미 있게 만들어 줄 청중이다. 우리 팀이 진행하는 프로젝트에 즐거워하고 도움을 받는 사람이 있다는 사실은 큰 동기 부여가 된다.

예를 들어 영어 수업을 재미있게 만드는 방법에 대한 프로젝트를 진행하고 있다고 가정해 보자. 우리 프로젝트의 주된 청중은 전국의 영어 선생님이 될 것이다. 학생들의 시선으로 영어 수업을 바라보고, 재미있는 수업 전략과 방법을 제시한다면 많은 영어 교사들이 궁금해할 것이다.

이를 위해 완성된 프로젝트를 학급이나 학교를 넘어 유튜브나 팟캐스트를 통해 공유한다면 자연스럽게 청중이 형성된다. 청중들은 이 프로젝트에 대해 다양한 피드백을 줄 수 있는데, 이런 과정을 통해 학생들은 한 뼘 더 성장하는 기회가 될 것이다.

PART 4

Interactive
Online Collaboration

셀프 모니터링 능력,

왜 필요한가?

복 습과 예습은 학습의 큰 두 축을 차지한다. 혹자는 예습의 중요
성을 강조하여 이른바 선행 학습이 학업 수준을 판가름한다고
이야기하는 반면 사람의 기억은 휘발성을 가지므로 복습, 즉 반복 학
습을 통해 뇌리에 깊숙이 박히도록 해야 한다고 주장하는 이도 있다.

조승연의『공부기술』을 보면 포토그래픽 메모리라는 기이한 능력
에 대한 언급이 나온다. 마치 사진을 찍듯이 한 번 본 것을 그대로 기
억하는 능력이다. 몇몇의 책이나 영화, 드라마에 등장하는 이 능력이
실재하는지에 대해서는 보고된 바가 없다. 하지만 대부분은 이런 능
력이 있을 리 만무하기에 학습에 있어서 완전히 나의 것으로 만드는
복습 과정은 꼭 필요하다.

그러나 이미 아는 것, 완전한 나의 지식이라는 자각이 이루어지지
않는다면 복습이라는 일련의 과정은 무의미한 반복에 머무를 수도 있
다. 안타깝게도 온라인 수업으로의 전환은 이 부분에 대한 자각을 한
없이 무뎌지게 만들고 말았다. 대면 수업을 통해 교수자와 활발한 소
통을 할 수 있다면 쉽게 알 수 있는 부분이지만 비대면 소통이라는 한
계는 스스로의 학습 정도를 자각하는 것조차 어려운 일로 만들어 버
린 것이다.

게다가 비대면이라는 환경적 요인은 학생 스스로 불편하고 어려
운 학습 환경을 제어할 수 있는 충분한 여지를 준다. 대면 수업이라면

책상 앞에 반듯하게 앉아 수업을 들어야 하지만 비대면 수업은 다르다. 카메라를 끄고 소파에 누운 채로도 수업을 들을 수 있지 않은가.

이뿐만이 아니다. 만약 대면 수업일 경우에는 9시 수업을 듣기 위해 그보다 일찍 일어나 씻고, 옷을 입고, 이동하는 복잡한 과정을 거쳐야 했다. 하지만 비대면 온라인 수업은 눈을 비비고 일어나 컴퓨터 전원 버튼만 누르면 간편하게 수업 준비가 완료된다. 이는 학생들의 수업 태도 전반에도 안일함과 게으름이라는 영향을 주고 만다.

앞으로의 수업은 블렌디드 러닝 방식이 주류를 이룰 것이다. 이런 상황에서 학생 스스로 자신의 환경적 부분과 학습적 부분에서 스스로를 모니터링하고 준비하지 않는다면 발전은커녕 퇴보할 수 있다는 점을 명심해야 한다. 따라서 이 장에서는 셀프 모니터링에 대해 인지하고, 이를 실행에 옮기는 방법을 알아보고자 한다.

01

인지 능력과 공부 전략은 비례한다

학창 시절 줄곧 '성실하고 열심히 공부하는 학생'이라는 이야기를 들었다. 이 말을 들을 때마다 기분이 좋았지만 한편으로는 부담이 되기도 했다. 선생님과 부모님의 비교적 높은 기대에 부합하기 위해 무척이나 애를 썼던 기억이 난다.

공부에 집중하지 못하는 자신을 발견할 때면 고통스럽고 힘들었다. 늘 성실하고 열심히 공부하는 모습을 보여주어야 한다는 압박감이 있어 그렇지 못한 모습은 남에게 보여주기 싫어 꼭꼭 숨겨 두었던 것 같다. 성격이 내향적인 편이라 밖에서 정의하고 규정지은 모습이 마치 실제인 양 살아왔고 과감하게 그 틀을 깨지 못했다.

중학교 3학년 때까지 줄곧 나의 수학 성적은 괜찮은 수준을 유지했다. 하지만 고등학교 1학년이 되자 상황이 급변했다. 수학 개념이 너무나 어렵게 다가왔고 그때부터 수학 성적은 곤두박질치기 시작했다. 당연히 수학 공부를 할 때면 집중하기 힘들었고, 점차 수학에 흥미를 잃어 갔다.

그때 나의 치명적인 실수는 스스로의 수학 실력을 인정하지 못했다는 것이다. 잘 모르는 부분이 무엇인지 파악하여 새로운 공부 전략을 짜고, 도움을 요청했다면 참 좋았을 텐데 수학을 못한다는 사실을 남이 알까 두려워 드러내지 못했다. 안타깝게도 스스로를 솔직하게 직면하지 못했기 때문에 '수학 성적 저하'라는 결과와 마주해야 했다. 지금 뒤돌아 생각해 보니 나의 수학 학습 실패는 잘못된 학생 셀프 모니터링의 대표적인 사례이다.

나의 과거 경험을 교수자의 시각으로 해석해 보자면 셀프 모니터링은 시작도 못했다고나 할까. 수학 성적 때문에 전전긍긍하며 보냈던 시간이 후회스럽기까지 하다. 모르는 부분을 드러내 놓고 선생님과 부모님께 도움을 요청한 후 공부하며 알아 가는 즐거움을 경험했다면 어땠을까? 그 부분이 못내 아쉽다. 영어나 국어와 같이 이미 잘 아는 내용만 공부하면서 선생님과 부모님께 잘 보이고 싶어만 했던 어린 시절의 내가 안쓰럽기도 하다. 잘하는 내용은 반복해서 할 필요도 없었는데 말이다.

메타인지 개념과 비슷한 사이?

셀프 모니터링은 메타인지(Metacognition)의 개념과 비슷하다. 자신이 모르는 것을 아는 상태, 즉 스스로의 인지에 대한 자각을 위해 거쳐야 하는 과정이다. 학습은 자신이 모르는 부분을 알아차리고 또 인정한 후 그것을 배워 익히고 싶다는 마음에서 시작된다. 자신을 솔직하게 바라보고 인정하는 시작점이 없으면 학습이 일어날 수 없다.

최근 몇 년 사이 메타인지 학습법이 널리 알려지면서 메타인지라는 용어도 급물살을 타기 시작했고, 많은 학부모와 교사들 사이에 회자되고 있다. 최근 수능 만점자들의 인터뷰 기사를 분석해 보면 공통적으로 적용되었던 비결 역시 메타인지로 귀결된다.

2017년 수능 만점자인 최○○ 군과 김○○ 군은 자신만의 공부 비결로 가장 먼저 오답 노트를 꼽았다. 오답 노트는 자신이 어떤 부분에서 실수를 했는지 명확하게 정리하여 어느 부분에서 취약한지를 깨닫게 하고 같은 실수를 반복하지 않기 위해 작성한다. 이 역시 메타인지의 범위 안에 속하는 방법이라 할 수 있다.

반면 2018년 수능 만점을 받고 서울대 의예과에 입학한 학생은 오답 노트를 만드는데 시간을 들이는 것 자체가 비효율적이어서 만들지 않았다고 답했지만 오답이 나왔을 경우 문제지에 바로 표시하거나 교과서에 메모해 놓는 것으로 자신이 아는 것과 모르는 것을 구분하고자 했던 것을 알 수 있다.

EBS의 〈상위 1% 공부법〉 프로그램에서도 성적이 높은 학생들은 천재적인 지능 때문이 아니라 탁월한 메타인지 능력 덕분에 높은 성적을 유지했다는 것이 여러 연구를 통해 입증되었다고 방송한 바 있다.

자신이 모르는 것과 아는 것을 가려내어 그 부분을 반복적으로 공

미래 교육 협동 수업이 답이다

부해 나가는 메타인지 학습법의 적용은 학습자마다 다르지만 기본 개념은 같다. 자신이 모르는 부분을 거울처럼 보고 이를 보완하기 위한 자습 자료를 선택하고 활용하여 학습 능력을 끌어올린다는 점이다.

이처럼 학습에서의 메타인지는 학습 전략을 세우거나, 자신의 실력에 대해 객관적으로 피드백하는 과정, 이를 테면 자신만의 방식으로 내용을 요약하는 것, 연습 문제를 풀거나 타인에게 설명을 하는 것을 통해 얼마든지 메타인지 능력을 높일 수 있다.

교육부장관상을 수상한 바 있는 배정화 교사의 『나는 혁신학교 교사입니다』를 보면 아이들끼리 서로 배우고 가르치는 또래 멘토링을 통해 학생들 간에 라포가 형성되어 좋은 학업 성취도로 이어졌고, 자기효능감에도 긍정적인 영향을 미쳤다는 대목이 나온다.

자신의 상태를 있는 그대로 받아들일 수 있는 학생의 태도와 이런 학생을 존중하며 기꺼이 지원해 줄 수 있는 학습 환경이 무엇보다 중요하다. 이런 또래 멘토링을 온라인 수업에서도 충분히 적용할 수 있다. 매 수업은 안 되겠지만 한 주제를 가지고 학생들이 수업을 주도해 보는 경험은 메타인지 능력의 함양과 함께 학습에 대한 긍정적인 태도를 심어 줄 것이기 때문이다.

나는 실제로 메타인지 학습법을 통해 좋은 성과를 거둔 친구를 본 적이 있다. 고교 시절 친구였는데 수학 공부에 들이는 시간이 적은데도 늘 좋은 성적을 거두는 것이 의문이었다. 보통 수학 문제지를 풀 때는 첫 장부터 풀다가 어려운 부분이 나오면 넘어가거나 답안지를 보고 풀이 과정을 확인하기 마련이다.

그런데 그 친구는 문제지를 순서대로 푸는 것이 아니라 특정 부분을 찾아 가면서 풀었다. 삼각함수 부분을 유독 열심히 했던 기억이 있다. 다른 부분은 잘 이해하고 있어 어떤 문제가 나와도 자신이 있기 때문에 시간 낭비 없이 부족한 삼각함수 부분만 집중적으로 공부했던 것이다. 그 친구의 공부법이 바로 메타인지 학습법에 근거한 자기 주도 학습의 모범 사례였다는 것을 뒤늦게 알게 되었다.

17년 전쯤 미국 유학 시절 석사 과정을 거치며 메타인지에 대한 개념을 처음 접했다. 영어교육 전공이라 그리스어로 '~에 대하여'라는 의미의 메타(Meta-)를 언어 학습에 적용했었다. 다시 말해 언어 학습자들이 효과적으로 제2언어를 습득하도록 '메타언어 능력(Metalinguistic Ability)'을 활용하는 것에 대한 논의가 주된 관심사였다.

비슷한 맥락으로 메타를 인지 과정에 적용하면 메타인지가 되고, 자신의 인지 상태에 대해 알고 있는 인지 능력을 뜻하게 된다. 자신이 아는 것과 모르는 것을 구분하고, 자신이 하는 행동이 어떠한 결과를 낼 것인지에 대해 아는 능력이라고 말할 수 있다.

메타인지는 다시 '메타기억(Metamemory)'과 '메타이해(Metacomprehension)'로 구분할 수 있다. 메타기억은 내가 기억을 하고 있는지, 혹은 못하고 있는지에 대해 스스로 인지하는 상태이다. 메타이해는 내가 읽거나 들은 내용을 이해하는지 이해하지 못 하는지에 대해 알아차리는 것을 뜻한다. 간혹 어떤 내용을 읽기는 했으나 내용에 관한 질문에 답하지 못한다거나 듣기는 했지만 이해가 안 되는 때도 있다. 이렇게 본인의 이해 과정을 정확히 알고 있다면 메타이해 능력이 높다고 판단

미래 교육 협동 수업이 답이다

할 수 있다.

이러한 메타인지를 바탕으로 학습자가 의지를 가지고 자신의 상태를 점검하고, 변화를 시도하는 것이 셀프 모니터링의 시작점이다.

학습 영역에서 삶까지 적용해야

메타인지를 기본 축으로 삼는 셀프 모니터링은 좁게는 학습 영역에서, 넓게는 우리 삶의 전 영역에까지 적용할 수 있다. 단지 학습이 잘 이루어지고 있는가에 국한되는 것이 아니라 학습이 잘 이루어지도록 하기 위한 제반 사항을 다루어야 하기 때문이다. 여기에는 수면, 식습관, 운동, 건강 상태, 여가 시간과 같은 일상은 물론이고 학업과 관련된 전문 분야까지 포함된다.

셀프 모니터링의 기본 전제는 '나'에 대해 얼마나 잘 파악하고 있는가이다. 예를 들어 건강 상태를 보자. 대면 수업 시에는 칠판을 바라보고 앉아 주입식 수업을 듣는 것 외에 모둠별로 앉아 자유롭게 의견을 교환하는 수업이나 몸을 움직이는 체육 수업이 가능했다. 하지만 온라인 수업으로 대거 전환되면서 학생들의 움직임은 극히 적어졌다. 특히 모니터 앞에서 보내는 시간이 늘어나며 고정된 자세를 유지해야 하는 일이 반복되었다.

실제로 컴퓨터나 스마트폰을 오래 사용하는 이들에게서는 C자 형태를 유지해야 하는 목뼈가 일자 형태로 변형되고 이것이 악화되면서 거북이와 같이 앞으로 나오는 일명 거북목증후군이 흔하게 발병하는데, 학생들을 향해 이 질병을 경계해야 한다는 목소리가 나오고 있다.[25]

만약 목이 뻣뻣해지면서 통증이 생긴다거나 그 통증이 어깨 주변부까지 이어져 두통과 팔 저림 증상까지 나타난다면 학습을 하는 데 있어 큰 걸림돌로 작용하고 만다. 몸이 아픈 상황에서 공부가 머릿속에 들어올 리 없지 않은가.

스스로 건강 상태를 파악해 학습에 어느 정도 지장을 주는지, 어떻게 해결해야 하는지를 객관화시켜 생활에 적용하는 단계까지 간다면 어떤 일이 일어날까? 아마도 적극적인 치료를 받기 위해 병원을 방문할 것이고, 거북목증후군이 악화되는 것을 방지하기 위해 모니터의 높이를 조절한다든지 의식적으로 어깨를 펴는 등 자세를 고쳐 앉으려 노력할 수도 있으며, 온라인 수업을 듣는 중간에 수시로 스트레칭을 통해 몸을 돌보게 될 것이다. 이와 같은 일련의 과정을 거쳤다면 건강에 대한 셀프 모니터링이 잘 이루어지고 있다고 볼 수 있다.

반대로 메타인지가 제대로 발휘되지 않아 건강에 대한 셀프 모니터링이 이루어지지 않는 경우에는 어떤 일이 벌어질까? 아마도 거북목증후군에 대해 개선의 노력을 기울이지 않았으므로 증상이 악화될 것임이 분명하다. 이것은 잘못된 자세를 유지하도록 해 목 디스크나

---

25) 이순용, "코로나19로 비대면 수업 중인 학생들, '거북목증후군' 위험," 이데일리, 2020. 09. 11, https://www.edaily.co.kr/news/read?newsId=01223446625899136 참조

경추협착증으로 발전할 가능성도 있다. 학습이 성공적으로 이루어질 수 없음은 더 말할 필요도 없다. 이처럼 셀프 모니터링을 위해 메타인지를 발휘하여 스스로를 아는 것은 곧 자신을 보는 거울이 된다.

그렇다면 이 메타인지는 공부 외적인 부분에서는 어떻게 적용될까? 업무적인 부분에서도 생각해 볼 수 있다. 업무를 맡았을 때 내가 아는 항목과 모르는 항목을 구분하고 처리 과정을 객관적으로 그릴 수 있다면 업무에서의 메타인지가 높아 효과적인 업무력을 발휘할 가능성이 크다.

또한 상사로부터 특정 업무를 지시받았을 때 내가 왜 이 일을 맡게 되었는지 이해하고, 일하는 과정에서 본인의 경험에 의한 답이 맞을 수도 혹은 틀릴 수 있으며, 자기 생각이 다른 사람과 완전히 다를 수 있음을 아는 것은 업무에 적용되는 메타인지 영역이다.

업무를 처리하는 과정에서 메타인지가 낮으면 자신이 모르는 부분을 인지하지 못할 뿐더러 자신도 틀릴 수 있고 자신과 타인의 생각이 다를 수 있다는 것을 인식하지 못하기 때문에 업무를 포함한 사회생활 영역에서 큰 어려움을 겪을 수 있다. 학교 수업의 다양한 팀 활동에서 요구되는 협업 능력도 이와 같은 맥락이다.

이처럼 메타인지는 학습력에서부터 협업 능력과 업무력에 이르기까지 삶의 전반에 큰 영향을 미치기 때문에 메타인지 능력을 어릴 때부터 발달시켜 주는 것은 상당히 중요하다.

02

학생 셀프 모니터링은 어떻게 하나?

대부분의 사람은 오랜 시간 동안 시행착오를 거쳐 구축한 자신만의 '루틴'이 있을 것이다. 나도 별반 다르지 않다. 새벽 5시쯤 기상하여 차나 커피를 마시고 가장 중요한 업무를 오전 7시 이전에 끝낸다. 오전 7시 전후는 어린 자녀들의 기상 시간이라 그 이후부터는 일에 집중하기 어렵기 때문이다.

자녀들이 일어나 방에서 나오면 다 함께 산책하거나 스트레칭으로 몸을 풀고, 간단한 아침을 먹으며 본격적인 하루가 시작한다. 낮에는 수업과 각종 회의로 분주하고 산만하여 고도의 집중력이 요구되는 논문 작성이나 수업 준비는 거의 불가능하다. 따라서 해야 할 업무를 제때 완료하고 가족 시간도 침범하지 않기 위해 새벽 시간 활용이라는 전략을 쓰게 되었다.

지금은 비교적 안정적으로 일과가 진행되고 업무의 효율성도 높아졌지만, 처음부터 그랬던 것은 아니다. 몸과 마음의 상태, 집중 정도, 완료된 작업의 완성도 등을 기록하여 추적하고 수정하는 과정에서 나에게 가장 잘 맞는 루틴을 찾아낸 것이다.

즉 계속된 셀프 모니터링이 있어 가능한 일이었다. 이처럼 셀프 모니터링은 목표한 일이나 행동을 완수하기 위해 자신의 행동에 주의를 기울이고 성찰하며 수정해 가는 전 과정을 이른다. 셀프 모니터링은 일주일에 운동하는 횟수, 집안 청소하는 시간, 개인 독서나 커피 타임과 같은 일상적 행동부터 교육이나 업무와 같은 전문적인 분야까지 광범위하게 적용할 수 있다.

어린이, 성인, 청소년 등 연령에 상관없이 셀프 모니터링의 방법을 배우면 전반적인 삶의 질을 높이는 데 도움이 된다.

안정적인 일상 습관은 필수

그렇다면 학생 셀프 모니터링은 어떻게 하는 것일까? 먼저 어떤 부분을 모니터링할 것인지 결정해야 한다. 공부를 잘하려면 안정적인 일상 습관이 필수이므로 이 부분을 먼저 살핀 후 학습 전략 및 시간 관리 등과 관련된 학업적인 부분의 모니터링으로 넘어가면 된다.

일상 셀프 모니터링 요소 중 잠에 대한 부분은 분명하게 짚고 넘어가야 한다. 소아과 의사이자 수면 전문가인 마크 웨이스블러스(Marc Weissbluth)는 그의 저서 『잠의 발견』에서 "건강한 수면은 두뇌 발달을 위한 음식과 같아서 잠을 잘 자는 아이들은 집중력도 높고 학업 부진과 같은 문제가 거의 일어나지 않는다"고 주장하였다. 뿐만 아니라 "수면은 아이들의 호기심과 공감 능력, 스트레스 내성에도 긍정적인 영향을 미친다"고 했다.

수면의 질에 따라 학습의 질이 결정될 수도 있는 문제이기 때문에 학생 셀프 모니터링의 첫 번째 체크 리스트로 꼭 점검해야 할 부분은 '잠'이다. 스스로 기상 후 피로도에 따라 수면 시간이 충분한지, 너무 늦게 잠자리에 드는 것은 아닌지, 잠을 많이 자지만 수면의 질이 떨어지는 건 아닌지, 수면의 질이 떨어진다면 그 이유는 무엇인지 등등을 하나하나 되짚어가며 충분히 모니터링해 볼 수 있다.

또한 학생 셀프 모니터링에서 빼놓을 수 없는 부분이 바로 매일 섭취하는 '음식'이다. 식단이 두뇌와 신체 발달, 면역력 강화에 영향을 미친다는 것은 자명한 사실이다. 본인이 평소 섭취하는 음식을 상기시켜 보고 필요한 영양소로 구성되어 있는지, 아니면 간편하고 칼로리만 높은 인스턴트 음식으로 채워져 있는 건 아닌지, 수분 섭취는 충분한지, 설탕이나 소금의 함유량이 너무 높아 건강에 부정적인 영향을 미치지는 않는지 등을 점검해 보아야 한다.

이벤트성으로 가끔 친구들과 즐기는 햄버거, 피자, 치킨과 같은 것까지 제한할 필요는 없지만 삼시 세끼 식사에 대해서는 반드시 관찰해야 한다.

학생의 경우 과도한 간식 섭취에 대해서도 점검해 볼 필요가 있다. 대부분의 간식은 다량의 탄수화물 및 당류를 포함하고 있어 건강에 해롭기 때문이다. 아이스크림이나 사탕, 초콜릿, 과자, 자주 마시는 음료 등 편의점에서 손쉽게 접할 수 있는 간식에 대해선 특히 주의해야 한다.

음식에 대한 모니터링을 마쳤다면 자연스럽게 운동 관련 영역에 대한 점검으로 이어질 수 있다. 만약 잘못된 식습관에 의해 비만 혹은 관련 질병이 발견되었다면 운동을 통해 정상 수준으로의 회복을 기대할 수 있다.

하루 30분 정도의 적절한 운동은 전체적인 몸의 상태를 좋게 한다. 비만을 예방하고 신체를 건강하게 하며 활발한 두뇌 활동에도 영향을 미친다고 알려져 있다. 또한 운동을 하면 스트레스가 풀리고 기분도 좋아지게 되므로 책상 앞에 앉아 있는 시간을 늘려 종일 공부만 하려고 애쓰는 것보다 잘 맞는 운동을 골라 꾸준히 하는 것이 성적 향상에도 도움이 된다.

셀프 모니터링을 통해 운동 부족이라 느낀다면, 강도 높은 운동이 아니라 아침에 일어나 스트레칭 5분, 점심 먹은 후 걷기 10분과 같이 아주 작은 활동으로 시작해 조금씩 늘려 가면 큰 부담 없이 삶의 긍정적인 습관으로 정착시킬 수 있을 것이다.

이렇게 일상에 대한 모니터링이 정리된 후 학습적인 요소들을 살펴볼 수 있다. 수업 시간에 집중하고 있는지, 집중하지 못한다면 그 이유는 무엇인지, 미디어 과의존으로 학습할 시간이 부족한 건 아닌지, 잘하는 교과목과 어려운 교과목은 무엇인지, 잘 못하는 교과목이 있다면 이유가 무엇인지, 학습 방법을 몰라 헤매고 있는 과목이 있는지, 선생님이나 부모님의 도움이 꼭 필요한 부분은 무엇인지, 어떤 방법으로 공부해야 가장 효과적인지 등을 기록하고 평가해 보는 것이 학습에 대한 셀프 모니터링이다.

이 과정이 새로운 지식을 창조하지는 않지만, 기존 행동의 빈도, 강도 또는 지속 시간을 증가시키거나 감소시켜 학업 성취도를 높이는 데 핵심적인 역할을 할 수 있다.

온라인 수업 태도와 공부법 확인

온라인 수업을 2년 정도 진행해 본 결과, 대부분의 학생이 멀티태스킹을 하고 있어 수업 효율성과 집중도가 현저히 낮음을 발견할 수 있었다. 음식을 먹으며 수업을 듣거나, 스마트폰을 쉴 새 없이 만지작거리기도 하고, PC에 여러 창을 띄워 두고 여러 작업을 동시에 진행하면서 온라인 수업을 듣고 있으니 불러도 대답 없는 경우가 허다했다. 이렇게 집중력이 분산된 학생들은 상호 작용은커녕, 수업에 참여시키는 것 자체가 거의 불가능했다.

이와 관련하여 스탠포드대학에서 진행한 집중력과 멀티태스킹에 대한 연구가 주목할 만하다. [26] 그들은 해당 연구에서 '미디어 멀티태

---

26) Adam Gorick, "Media multitaskers pay mental price, Stanford study shows," Stanford News, 2009. 8. 24, https://news.stanford.edu/news/2009/august24/multitask-research-study-082409.html 참조

미래 교육 협동 수업이 답이다

스킹'은 업무 생산성을 낮춘다는 결과를 도출하였다. 음악을 들으며 카페에서 일을 하면 생산성이 높아지는 듯 느낄 수 있지만 실제 인간은 멀티태스킹에 능숙하지 않다는 의미이다.

특히 PC에 여러 창을 띄워 놓고 다양한 디지털 정보를 동시에 소비하는 행동은 집중력, 기억, 작업 속도에 상당히 부정적이라는 게 연구진의 설명이다. 그뿐만 아니라 짧은 시간에 초점을 바꾸기 때문에 핵심 정보도 자주 놓친다고 했다. 따라서 멀티태스킹을 하는 사람들의 경우 상호 작용 능력이 낮고, 토론과 같은 부분에서 참여율이 저조할 수밖에 없는 것이다.

인지심리학자이며 아주대학교에 재직하고 있는 김경일 교수 역시 OtvN의 프리미엄 특강쇼 〈어쩌다 어른〉에 출연하여 인간은 원천적으로 멀티태스킹이 불가능하다는 것을 강조했다.[27] 그는 해야 하는 일에 조건이 추가되어 동시에 여러 개를 해야 하는 멀티태스킹 상황이 되면 일단 시간이 증가되고, 해결에 어려움을 느낀다고 설명했다. 쉽고 익숙하게 할 수 있는 일이라도 동시에 다른 일을 함께하게 되면 실수 혹은 실패할 확률이 높다는 것이다.

누군가와 통화를 하며 이메일을 쓰거나 보고서를 작성할 경우, 그렇지 않은 때보다 시간이 더 오래 걸리고 사소한 맞춤법 실수가 나타나는 것이 대표적인 예가 되겠다. 나는 좋아하는 음악을 들으며 업무를 해서 성공한 적이 거의 없다. 처음에는 멀티태스킹이 되는 듯 하다

---

27) 〈어쩌다 어른〉, OtvN, 2016. 10. 06 방영

가도 이내 절절한 가수의 목소리나 섬세한 가사에 빠져들어 일을 놓아버린 나를 발견하곤 한다. 그 순간 다시 업무에 집중한다 해도 일과 음악을 왔다 갔다 하느라 한 시간이면 끝낼 일을 서너 시간을 훌쩍 넘길 때도 있었다. 결국 일의 효율도 떨어지고 음악도 제대로 즐기지 못하는 상황이 연출되는 것이다.

여러 가지 일을 동시에 하는 것이 가능하다고 주장하는 사람도 하던 일을 잠시 중단하고 다른 일로 돌아서는 전환이 빠를 뿐이지 실제로 여러 일을 잘 수행하는 상태가 아님을 명심해야 할 것이다. 즉, 멀티태스킹 스위치 ON/OFF를 잘하는 것에 대해 '멀티태스킹을 잘한다'고 착각하지 말아야 한다는 뜻이다.

멀티태스킹에 대한 이러한 시각은 온라인 수업에 참여하는 학생들에게도 동일하게 적용된다. 한 번에 한 가지 일에만 집중하는 것이 효율적인데 멀티태스킹을 하면서 수업을 듣고 있으니 재미도 없고 내용 이해도 힘들어 한다. 성공적인 온라인 수업을 위해서는 일단 스마트폰을 내려놓고, 수업과 관련된 PC창 외에는 모두 닫는 것이 좋겠다. 그래야 디지털 상호 작용에 진념할 수 있고 높은 학업 성취도도 기대할 수 있다.

멀티태스킹 습관을 고치는 것 외에 온라인 수업 집중도를 높이기 위한 좀 더 적극적인 공부법이 있다. 앞서 언급한 김경일 교수가 제안한 '몸의 강의 모드 전환과 녹음하며 강의 듣기'이다.[28] 세바시 강연 중 설명한 내용으로 내가 평소에 온라인 수업에 집중하지 못해 스트레스를 받는 학생들에게 몸을 움직여, 온라인 수업 모드로 들어가야 한다

미래 교육 협동 수업이 답이다

고 강조한 내용과 맥락을 같이한다.

김경일 교수도 '몸을 각성하면, 뇌가 함께 움직인다'고 설명했다. 즉, 온라인 수업일지라도 몸의 움직임을 이용해 강의 모드로 바꾸면 뇌가 착각을 일으켜 공부를 시작하고 유지하기 쉽다는 것이다.

오프라인 강의를 들을 때 흥미롭고 중요한 내용이 나오면 학생들은 자연스럽게 허리를 세우고 눈을 초롱초롱 뜨는 제스처를 취한다. 이런 반응은 교사에게 힘을 주고, 수업 속도를 조금 늦추어 학생에게 노트 필기할 시간을 주는 등 강의 완급 조절을 하는 데도 큰 도움이 된다. 이것이 바로 상호 작용의 과정인 셈이다.

하지만 온라인 강의의 경우 오프라인 방식의 소통이 거의 불가능하다. 학생들의 반응을 살피기가 어렵고, 아주 중요하고 대단히 재미있어도 학생들의 자세나 표정 변화를 읽기 어렵기 때문이다. 내용에 상관없이 온라인 강의를 듣는 학생들은 아주 편한 상태로 있을 가능성이 크므로 뇌 역시 수업 시간을 알아차리지 못하고 느슨하게 있는 것이다.

따라서 온라인 수업 시 교사는 학생들에게 몸을 강의 모드로 전환하라는 요구를 할 필요가 있다. 컴퓨터 게임을 하거나 유튜브를 보다가 같은 PC를 클릭해 수업에 접속하는 것이 아니라 수업 시작 5분 전에는 온라인 수업을 위한 의식을 하며 몸과 뇌를 준비시키는 것이다.

---

28) 김경일, "온라인 공부 효과 100배 올리는 법," 세바시 강연, 2020. 04. 22, 동영상, https://youtu.be/oWriGCIgOmk 참조

온라인 수업 접속 전에 강의실에 들어가는 것처럼 양치질을 하고 옷을 갈아입는다든지, 주변 정리를 하는 등 학습 분위기로 전환시키는 행동이 그 예가 되겠다. 그렇게 되면 우리 뇌도 몸과 함께 수업 모드로 들어갈 채비를 하여 수업에 대한 리터러시가 높아진다.

그러면 수업 중에는 어떻게 하면 좋을까? 면대면 수업이 아니니 강의하는 교사나 듣는 학생이나 서로의 반응을 직접 확인하며 가르치고 배우는 과정은 찾기 어렵다. 그래서 학생의 입장에서 집중력을 높이는 온라인 공부법이 필요하다.

이와 관련하여 김경일 교수는 온라인 수업을 들으며 주요 강의 내용을 본인이 직접 말하고 녹음하는 활동을 권한다. 온라인 수업이 마무리되면 녹음한 내용을 다시 들으며 노트 필기를 하면 된다. 이것은 핵심을 관통하는 온라인 공부법이 되는 것이다. 다시 요약하자면 다음 세 단계를 통해 집중력 있게 온라인 수업에 참여할 수 있다.

- 몸의 온라인 수업 모드 전환
- 녹음하며 강의 듣기
- 녹음한 내용 다시 들으며 핵심 내용 필기

지금까지 논의된 내용을 바탕으로 온라인 수업 태도와 공부법을 스스로 모니터링 해 볼 필요가 있다. 가르치는 교사도 온라인 수업이 처음이지만 학생도 낯설기는 마찬가지이기 때문에 효과적인 온라인 공부법에 대해 잘 모르는 것이 당연하다.

멀티태스킹 능력이 환영받는 시대라 음악을 듣거나 메시지를 주고받으며 온라인 수업에 임했다면 반드시 고쳐야 할 것이다. 또한 온라인 수업을 편하게 듣고만 있었다면 좀 더 적극적으로 듣고, 말하고, 쓰기를 하면서 집중해 보아도 좋겠다. 잘못된 점이 있다면 고쳐 새로운 공부법과 습관으로 온라인 수업에 임해 본다면 보다 생산적이고 재미있는 시간이 될 것이라 확신한다.

학습과 생활을 점검하는 체크리스트

아래에 제시된 '학생 셀프 모니터링 체크리스트'를 활용한다면 좀 더 쉽고 효율적으로 자신의 학습과 생활을 점검하고 발전하는 기회를 만들 수 있다.

평가 항목	내용	나의 점수	성찰 및 앞으로 계획
목표 수립	장기적 목표(단원 전체·한 달·일 년)와 단기적 목표(하루·매주)를 분리해 설정했는가?	1 2 3 4 5	
	목표는 도전적이면서 달성 가능한가?	1 2 3 4 5	
시간 관리	지금 나의 시간을 효율적으로 사용하고 있는가?	1 2 3 4 5	
	각각의 학습 목표에 얼마나 많은 시간을 투입할지 계획하였는가?	1 2 3 4 5	
체력 관리	수면의 양이 충분한가?	1 2 3 4 5	

체력 관리	필요한 영양소를 적절히 섭취하고 있는가?	1 2 3 4 5	
	규칙적인 운동으로 삶에 활력을 더하고 있는가?	1 2 3 4 5	
학습 전략	특정 과제 수행을 위한 학습 전략이 있는가?	1 2 3 4 5	
	다른 재미있는 일들을 억제하고 공부에 집중할 수 있는가?	1 2 3 4 5	
	효과적인 노트 필기를 하고 있는가?	1 2 3 4 5	
	방해 요소 없는 공부 환경이 조성되어 있는가?	1 2 3 4 5	
	학습 유지를 위한 감정 조절이 잘 되고 있는가?	1 2 3 4 5	
학습 동기	학습 동기를 적절하게 유지하고 있는가?	1 2 3 4 5	
도움 요청	스스로 해낼 수 없는 것에 대해 친구, 선생님, 부모 등에게 도움을 청하는 일이 부끄러운 일이 아님을 알고 있는가?	1 2 3 4 5	
	힘겨운 학습 내용에 대해 도움을 요청할 사람이 있는가?	1 2 3 4 5	
결과 성찰	학습 목표를 얼마나 달성했으며, 앞으로 수정하고 싶은 부분은 무엇인가?	1 2 3 4 5	

학생 셀프 모니터링 체크리스트 [29] [30]

---

29) Carlo Magno (2009). Developing and Assessing Self-Regulated Learning. The Assessment Handbook: Continuing Education Program, 1. 참조
30) 이찬승, "내 자녀·학생 자기주도(조절)학습 능력 키우기 A to Z(상)," 교육을 바꾸는 사람들-교육 칼럼, 2021년 5월 04일 수정, 2021년 8월 02일 접속, https://21erick.org/column/6287 참조

미래 교육 협동 수업이 답이다

03

교사 수업 진단은 수업 촬영이 기본이다

2019년 11월 가을 학기가 끝날 즈음, 교생 실습(Practicum) 교과목을 담당하는 교수에게 이메일을 받았다. 수업을 듣는 학생 중 한 명이 모의 수업 후 진행되는 '수업 관찰 및 분석' 시간을 무척 힘들어한다는 내용이었다. 특히 다른 친구들과 교수가 주는 수업 관련 피드백을 거부하며 스트레스를 받는 데다, 피드백을 주고받는 과정에서 언쟁까지 생기니 혹시 좋은 해결 방안이 없을지 조언을 구하였다.

수업 관찰 및 분석은 더 나은 티칭과 학습 효과를 위해 수업 과정을 촬영하여 분석하고 평가하는 일련의 활동을 말한다. 수업 관찰에서 가장 중요한 것은 과학적이고 객관적인 방법을 통한 티칭 진단이므로 수업 촬영이 기본이다.

수업을 진행한 교사는 촬영된 본인의 수업을 동료 교사나 교육 전문가와 함께 보면서 다양한 관점의 피드백을 받는다. 문제점에 대한 적절한 처방을 위해 주관적이고 일상적인 관찰은 배제되어야 하므로 촬영본이 꼭 필요하다.

이런 피드백 방식이 낯설다고 느낄 수 있지만 실은 다양한 분야에서 시도하고 있다. 예를 들어 운동선수들은 자신의 연습 혹은 경기 모습을 촬영하는 것이 일반적이다. 영상을 토대로 전술과 기술, 상해의 원인 등을 객관적이고 효과적으로 평가할 수 있어 스포츠 영상 분석이라는 분야가 확고하게 자리 잡았다. 실제로 이 방식을 통해 기술적인 움직임의 장·단점을 파악해 선수 혹은 팀에 피드백을 전달했을 때 전과 후의 경기력에서 월등한 차이가 있다고 한다.

이 방법은 교수법 개선에도 아주 효과적이다. 그러나 수업을 공개하고 또 촬영까지 한다는 것, 누군가에 의해 평가받는다는 사실은 많은 교사에게 부담으로 작용한다. 앞서 언급한 대학원생의 어려움도 충분히 이해가 간다.

가르치는 사람으로서 나 자신도 예외는 아니었다. 열심히 한다고 한 수업이었는데 녹화된 모습을 보고 있자니 너무 부끄러웠다. 어색한 동작과 분명하지 못한 내용 전달, '음, 어…'와 같은 의미 없는 감탄사들과 잘못된 언어 습관을 보고 있기란 쉽지 않았다.

교사들이 수업 관찰 및 분석을 꺼리는 것이 어쩌면 당연한 일이다. 또한 수업을 촬영하고 피드백을 받는 것 자체가 상당한 시간이 소요되므로 바쁜 교사들에게 더 부담될 수 있다. 하지만 교사의 수업은 학생들에게 지대한 영향을 미치므로 안일한 태도로 일관해서는 안 된다. 더 나은 기량을 갖추고, 더욱 질 높은 수업을 진행하기 위해 대응

미래 교육 협동 수업이 답이다

을 모색하는 과정이라는 관점에서 접근하면 불편함을 덜 수 있지 않을까 한다.

이런 이유에서 학생들과 마찬가지로 교사 셀프 모니터링을 추천한다. 꼭 다른 사람의 피드백이 아니더라도 수업이 마무리된 후 자기평가를 해 보는 것은 상당한 도움이 되기 때문이다. 특히 익숙하지 않은 온라인 수업이라면 셀프 모니터링은 필수다.

너무 크거나 작은 목소리, 부정확한 발음, 어색한 아이컨택(Eye Contact) 등을 찾아낼 수 있고, 학생들과의 상호 작용 정도를 파악하여 개선해 나갈 수 있기 때문이다. 셀프 모니터링을 통해 자신의 수업을 객관적으로 분석하고 또 개선점을 모색하는 기회가 될 것이다.

교사 셀프 모니터링은 이렇게!

앞으로 교사가 가르쳐야 하는 학생들은 '신인류' 또는 '알파 세대 (Generation Alpha)'[31]라고 지칭된다. 이 세대는 어려서부터 기술적 진보를 경험하며 자라나 기계와의 일방적 소통에 익숙하나 사회성 발달에는 우려의 목소리가 크다. 또한 글자보다 화면을 넘기는 버튼을 먼저 인식한 이들은 주의 집중 시간이 짧고, 활자보다 영상에 빠르게 반응한다. 하지만 관심 분야에 있어서는 자기주도적인 모습을 보인다.

---

31) 2011~2015년 사이에 태어나 스마트폰은 물론이고 AI 스피커와 대화하면서 원하는 동요 또는 동화 서비스를 받는 등 디지털 기술 환경 속에서 자란 세대.

먼저 교사는 이러한 학생들의 특징을 파악하여 지식 전달에만 국한되었던 전통적인 교수자의 역할에서 벗어나야 한다. 어쩌면 사람보다 기계가 더 익숙할지 모르는 이 세대를 적극적으로 이해하려고 하는 노력이 필요하다. 그래야 학습의 기초라고 할 수 있는 좋은 관계가 형성될 수 있다.

교수자가 우선 공을 들여야 하는 부분이 교수-학생 간의 상호 작용이다. 상호 작용 없이는 관계를 쌓아 나가기 어렵다. 다음으로 끊임없이 변화하는 미래를 내다보고 살아가는 기술을 알려 주어야 한다. 특히 다양한 정보가 홍수처럼 쏟아지는 이 시대에 올바른 정보를 가려낼 수 있는 미디어 분별 능력을 함양할 수 있도록 돕는 것은 필수적이다.

그뿐만 아니라 미래 온라인 교실의 교수자는 지식 전달보다 학습 목적을 깨닫게 하는 촉진자로서의 역할을 수행하게 된다. 학습 자료를 제공하고, 온·오프라인 교육의 접점을 발견하여 온라인 수업의 효과를 극대화하는 노력이 필요하다. 교사가 이런 역할을 잘 수행하기 위해 꾸준히 해야 하는 것이 셀프 모니터링이다. 아래의 자기 평가 항목을 적용한다면 큰 부담 없이 수업 분석이 가능할 것이다.

1) 목표 달성 여부

수업을 진행하는 교수자는 다양한 목표를 정해 놓고 수업을 설계한다. 매 수업, 한 달, 한 학기별로 내용과 관련된 목표가 있고, 또 교수자가 개인적으로 달성하고자 하는 교수 방법과 상호 작용 기법 등이 있을 수 있다. 수업이 마무리된 후 이러한 목표들이 이루어졌는지,

또 달성되었다고 판단되면 그 근거는 무엇인지 살펴보아야 한다.

2) 학습자의 필요 충족 여부

수업의 성공 여부는 학습자들의 필요를 충족시켜 주었는지에 달려 있다 해도 과언이 아니다. 그만큼 학습자의 만족도는 중요하다. 따라서 수업 시작 전 학습자의 필요를 파악하고 수업이 마무리되면 학습자의 요구 사항이나 알아야 할 내용들이 잘 전달되었는지 반드시 확인해야 한다. 이러한 확인 작업은 수업 후 소감 말하기, 오늘의 키워드 나누기, 간단한 설문 조사 등을 통해 이루어질 수 있다.

3) 가장 효과적이었던 부분

내가 세운 계획과 수업 진행 내용 중 어떤 부분이 가장 효과적이었는지 생각해 볼 수 있다. 스스로 잘한 것은 무엇이었으며 앞으로 어떻게 지속해야 할지도 계획을 세워 보아야 한다. 또한 예전 수업과 비교하여 오늘의 수업이 어떤 요인으로 인해 더욱 효과적이었는지에 대한 분석이 필요하다. 그래야만 좋은 부분을 더욱 발전시켜 앞으로의 수업에도 적용할 수 있기 때문이다.

4) 비효율적이었던 부분

수업을 하다 보면 학생들의 반응이 예상보다 좋지 않을 수도 있고 학생들의 참여보다 교수자 위주로 흘러갈 수도 있다. 또한 지시 사항이 간결하지 못하고 너무 장황했다든지 명확하지 않아 학생들이 이해하지 못하는 등 다양한 상황이 발생한다. 이렇게 수업 진행 중 비효율적으로 흘러간 부분들을 정리하고 다른 방법을 모색해 보아야 수업의 효율성을 높일 수 있다.

5) 개선 사항 정리

마지막으로 스스로 잘못된 점을 인지해 앞으로 개선하고 싶은 사항을 정리하여 실제적인 변화를 위해 구체적인 액션 플랜을 세운다. 좋은 수업을 만들어 내기 위해서는 끊임없는 자기 성찰과 변화의 과정이 필요하다. 분주한 일정으로 매 수업을 그냥 진행하다 보면 같은 실수를 반복하게 되고 그저 그런 수업으로 흘러갈 수 있다.

만족도 높은 수업 진행을 위한 체크리스트

다음의 '교사 셀프 모니터링 체크리스트'를 활용한다면 기분 좋은 컨디션을 유지하면서 만족도 높은 수업을 진행하는 데 도움이 될 것이다.

평가 항목	내용	나의 점수	성찰 및 앞으로 계획
목표 수립	장기적 목표(단원 전체·한 달·일 년)와 단기적 목표(하루·매주)를 분리해 설정했는가?	1 2 3 4 5	
	목표는 학생들에게 도전적이면서 달성 가능한가?	1 2 3 4 5	

학생 파악	학습자의 특성, 필요, 흥미를 충분히 파악하고 있는가?	1 2 3 4 5	
체력 관리	수면의 양이 충분한가?	1 2 3 4 5	
	필요한 영양소를 적절히 섭취하고 있는가?	1 2 3 4 5	
	규칙적인 운동으로 삶에 활력을 더하고 있는가?	1 2 3 4 5	
수업 준비	수업 목표와 학습자의 특성을 고려하여 수업 준비를 충실히 하였는가?	1 2 3 4 5	
수업 전략	수업은 도입-전개-마무리로 짜임새 있게 진행되고 있는가?	1 2 3 4 5	
	특정 내용을 가르치기 위한 수업 전략이 있는가?	1 2 3 4 5	
	수업 진행에 있어 가장 효율적이었던 부분이 있는가?	1 2 3 4 5	
	수업 진행에 있어 가장 비효율적이었던 부분이 있는가?	1 2 3 4 5	
동기 강화	학생들의 동기 강화를 위한 적절한 말과 전략을 사용하는가?	1 2 3 4 5	
도움 요청	수업 진행 중 힘겨운 부분에 대해 상의하고 도움을 요청할 동료 교사나 멘토가 있는가?	1 2 3 4 5	
결과 성찰	수업 목표를 얼마나 달성했으며, 앞으로 수정하고 싶은 부분은 무엇인가?	1 2 3 4 5	

교사 셀프 모니터링 체크 리스트[32) 33)]

---

32) Carlo Magno (2009). Developing and Assessing Self-Regulated Learning The Assessment Handbook: Continuing Education Program, 1. 참조

33) 이찬승, "내 자녀·학생 자기주도(조절)학습 능력 키우기 A to Z(상)," 교육을바꾸는사람들-교육 칼럼, 2021년 5월 04일 수정, 2021년 8월 02일 접속, https://21erick.org/column/6287 참조

04

감사일기 쓰는 교사라면

교사라고 하여 늘 좋은 기분으로 학생 앞에 서는 일이란 쉽지 않다. 수업 준비 과정이 힘들 수도 있고, 수업하는 도중 학생들의 무반응이나 낮은 참여율 때문에 짜증이 날 수도 있으며, 교사로서 자신의 전문성이 부족한 것 같아 화가 날 수도 있다. 또한 수업 이외의 과중한 업무 때문에 육체적으로 매우 지칠 수도 있다.

다양한 이유로 안 좋은 감정이 들면 과도한 스트레스를 받게 되고, 의도치 않게 가르치는 학생 또는 가족에게 무례한 말투나 행동으로 상처를 주는 일이 발생하기도 한다.

많은 사람이 교사의 전문성과 잘 가르치느냐 그렇지 못하느냐에 대해 집중하지만 이보다 먼저 교사는 스스로를 돌보아야 본연의 업무를 잘할 수 있다. 몸도 마음도 힘든 상태에서 학생들과 우호적인 상호작용을 주고받으며 좋은 관계를 맺고, 수업을 즐겁게 이끌어 나가기란 거의 불가능하기 때문이다.

지난해 보도된 EBS 뉴스는 많은 직종의 사람들이 팬데믹 이후 과중된 업무 스트레스와 번아웃 증상을 호소한다고 보도했다. [34] 이와 관련해 교사도 예외가 아니며, 일을 그만둘 확률도 3배 이상 증가했음을 밝혔다.

에듀케이션 위크가 미국 교사들을 대상으로 실시한 설문 조사에서도 비슷한 결과를 얻었다. 설문에 참여한 미국 교사의 84%가 팬데믹 이전보다 학생을 가르치는데 더 많은 스트레스를 받고 있었고, 교사 4명 중 1명은 이번 학기가 끝나면 일을 그만두겠다는 의사를 밝힌 것이다. 교사가 번아웃 상태에 있으면 좋은 수업도 기대할 수 없으므로 즉각적인 조처가 필요하다.

나 역시 지난해 7월 번아웃을 경험하며 겨우겨우 여름 계절 학기 수업을 마무리한 기억이 난다. 팬데믹 초기에는 낯선 온라인 수업 준비로 불안과 긴장 상태로 보냈고, 이후에는 각종 플랫폼과 디지털 도구 사용법을 배우느라 정신이 없었다.

그리고 학생 참여를 조금이라도 더 끌어내기 위해 온라인 환경에 맞는 수업 자료를 제작하고 협업 활동을 구상하느라 불철주야 바빴다. 게다가 날마다 몰아닥치는 각종 이메일과 온라인 면담으로 내 몸과 마음을 돌아볼 여유가 조금도 없었다. 많은 교사가 나와 비슷한 상황으로 힘든 일상을 버티고 있는 것은 아닐까?

---

34) 금창호, "美 교사 정신건강 빨간불" EBS 뉴스, 2021. 05. 06. 참조

이런 생각 끝에 이번 파트에서는 교사의 셀프 모니터링 이후 번아 웃에 대해 인지하고 개선책을 찾는 교사를 위해 '감사일기 쓰기'에 대 한 소개를 해 보려고 한다. 교사가 스스로를 돌보기 위한 구체적 방안 으로 긍정적으로 생각하기, 일과 삶의 균형 맞추기, 물을 충분히 마셔 성대 보호하기 등 여러 방안이 있을 수 있다. 하지만 교사의 정서를 돌보는 일에 감사일기 만한 것이 있을까 한다.

일상에서 기쁨을 찾을 수 있다

우선 일기의 개념부터 정립할 필요가 있다. 표준국어대사전에는 일기를 '날마다 그날그날 겪은 일이나 생각, 느낌 따위를 적는 개인의 기록'으로 정의한다. 날짜를 기록한다는 것 외에는 특별한 형식이 정 해져 있는 것은 아니다. 하루 동안 겪은 일 중에서 특별히 기억에 남 는 사건이나 느꼈던 감정을 풀어내는 지극히 개인적인 기록물이다.

초등학교 1학년 교과 과정에서부터 일기 쓰기 훈련을 시작한다. 맞춤법을 익히고, 문장력을 늘리기 위한 목적도 있겠지만 스스로의 모습을 떠올리며 성찰이라는 과정을 통해 인성 교육의 바탕을 마련한 다는 의미를 빼놓을 수 없다.

이러한 일기의 기본적인 틀 속에 '감사'라는 규범을 정해 놓고 하루 를 돌아보며 감사했던 일을 기록하도록 하는 것이 감사일기다. 도대 체 감사가 어떤 효과가 있기에 정서를 돌보는 일에 효과적이라고 하

미래 교육 협동 수업이 답이다

는 걸까? 이와 관련해 사이언스타임즈에 게재된 칼럼에서는 감사가 행복감을 높이고 뇌를 이타적으로 변화시키는 데 효과가 있다고 밝혔다. 또한 감사하는 마음은 자기 절제력을 강화해 성공의 열쇠로 작용하기도 한다고 보고했다.[35]

뿐만 아니라 감사의 효과는 과학적인 논리까지 담고 있다. 미국 심리학자들에 의하면 감사라는 감정을 느낄 때 뇌의 좌측에 위치한 전전두피질이 활성화되면서 스트레스가 완화된다는 것이다.

그들은 이것을 리셋 버튼을 누르는 것과 같은 효과라며 감사가 인간이 느끼는 가장 강력한 감정이라는 연구를 재확인했다. 또한 승리에 도취된 감정을 느낄 때와 유사한 감정의 선순환을 만든다는 사실도 밝혀냈다.

UC 데이비스의 심리학 교수인 로버트 에몬스(Robert Emmons)는 감사일기의 효과에 관해 연구하고 이를 발표한 바 있는데, 감사 일기를 쓴 사람은 행복지수가 높을 뿐만 아니라 각 분야에서 더 좋은 성과를 냈다고 한다.[36]

미국의 유명한 방송인인 오프라 윈프리(Oprah Gail Winfrey)는 "감사일기를 쓰면서부터 내 인생은 완전히 달라졌다. 나는 비로소 인생에서 소중한 것이 무엇인지, 삶의 초점을 어디에 맞춰야 하는지 알게 되었다"는 고백을 했다.

---

35) 이성규, "우리가 미처 몰랐던 '감사'의 효과," 사이언스타임즈, 2019. 12. 16. 참조
36) 이원진, "'범사에 감사하라' 왜? 실제로 뇌가," 온라인 중앙일보, 2011. 11. 24. 참조

매일 감사해야 한다는 것이 어렵게 느껴질 수 있지만 거창한 감사 거리가 있어야 하는 것은 아니다. 아주 간단한 것부터 시작하면 된다. 교사의 감사일기라 해서 꼭 가르치는 일과 관련된 내용일 필요도 없다. 예를 들어 '살 수 있는 공간이 있어 감사하다' 혹은 '가족들이 있어서 감사하다'와 같은 간단한 내용으로 시작할 수 있다. 며칠 잊어버리고 쓰지 못하더라도 다시 시작하면 되므로 걱정하거나 부담을 가질 필요도 없다.

감사일기의 대상은 일상의 평범한 일에서부터 대단히 신나고 놀라운 사건까지 모두 포함된다. 중요한 것은 현재에 대한 불평이나 남과의 비교가 아닌 내 삶에서 감사할 거리를 찾아내고 그것에 집중하며 진심으로 감사하는 마음을 갖는 것이다.

배움을 회복하고 성장한다

일상의 영역에서 작은 감사가 쌓이고, 감사일기가 익숙해지고 나면 교사로서의 정체성을 담은 감사일기를 따로 쓸 수도 있다. 수업에 적극적으로 참여하지 않는 학생이 있다 해도 온라인 수업에 접속해 준 것만으로도 감사할 수 있다. 수업 후 학생들이 입버릇처럼 교사를 향해 건네는 인사성 멘트도 흘려버리지 않고 감사의 제목이 될 수 있는 것이다.

이처럼 교사들은 특별히 학생들을 가르치면서 학생들에게 감사함을 느꼈던 순간을 기록하면 좋다. 예를 들어 온라인 수업으로 정신없는 가운데 학생으로부터 위로의 말을 들었다든지, 평소 온라인 수업 시 습관적으로 카메라와 마이크를 끄던 학생이 카메라와 마이크를 켜고 수업에 임했다든지, 수업 준비가 다소 부족하여 수업 내내 속으로 주눅이 들어 있는데 학생들의 반응이 좋았다든지 하는 아주 작은 학생들의 말 한마디와 변화를 관찰하여 감사함과 연관 짓는 것이다.

감사하는 마음은 결국 삶을 살아가는 태도와 관련되어 있다. 감사함은 절로 느껴지는 것이 아니라 적극적인 관여가 있어야 그 감정을 느끼고 경험할 수 있다.

감사는 평범해 보이는 일상에 깊은 감동과 울림을 가져온다. 내일이 걱정되어 초조해하지 않고 현재에 집중하게 도와준다. 많은 것이 요구되고 가끔은 버거운 책임감이 밀려오는 교사의 삶이지만 꾸준히 감사일기를 쓰다 보면 개인의 삶뿐만 아니라 가르치는 일에서도 기쁨을 느끼는 자신을 발견할 수 있을 것이다.

발견적 교수법

발견적 교수법(Guided Discovery Method)은 소크라테스로부터 유래되었다고 하며, 학생 스스로가 문제를 해결하고 답을 발견해 나가도록 도와주는 교수법이다.[37]

대표적인 특징은 첫째, 교사보다는 학생들이 서로의 과제나 프로젝트의 결과물에 대한 피드백을 제공한다. 주로 짝을 이루어 진행되지만, 교사가 정답지를 마지막에 제공하여 답을 확인할 수 있도록 돕는다. 한 학생이 질문에 답할 학생을 지목하는 기법이 교사의 정답 대신 활용되기도 한다. 따라서 교사가 제공해야만 하는 피드백은 학생들 스스로가 해결하기 어려운 문제로 제한된다.

둘째, 수업 중 교사의 발화 시간이 매우 짧다. 대부분의 학급 시간은 학생 발화 시간으로 채워지고 교사의 지침은 단순하고 쉽고 짧으며 명확하다. 설명할 때 말만 바꾸어 표현하기보다는 학생의 필요와 학업 수준에 따라 어휘의 적절한 선택이 이루어진다. 교사의 설명이 분명하여 학생이 더 이상의 개념 확인이 필요 없다면 교사가 재교육이나 재지시를 위해 협업 활동을 방해할 일이 없어진다.

셋째, 발견적 교수법이 구현되는 교실에서는 침묵이 허용된다. 경력이 길지 않은 교사들은 침묵이 어색하여 불필요한 말로 수업 시간을 채우는 경향이 있다. 침묵은 학생들이 혼자 활동할 때 뿐만 아니라 교사가 응답을 기다릴 때, 교사의 지시가 끝나고 난 후, 활동을 진행할 때에 학생들에게 생각하고 정보를 처리하는 시간을 제공하기도 한다.

놀랍게도 학생이 답을 하는 데에 필요한 것이 시간인 경우가 많다. 설득하기, 단서 제공하기, 질문 바꾸어 말하기 등의 기술로 교사가 학생을 도와야 하지만, 시간만 충분히 주었는데 학생들이 답을 잘 찾아내어 교사를 기쁘게 하기도 한다.

---

37) 한국교육심리학회, 교육심리학 용어사전(학지사, 2000) 참조

PART 5

Interactive
Online Collaboration

온라인 협동 수업

실천 사례

미래 교육은 새 시대를 대비한 우리 모두의 준비 과정이다. 특히 미래 학교는 자라나는 아이들이 도래할 시대를 살아가는 데 필요한 지식 및 기술을 습득하고 사회성을 함양할 수 있도록 디자인된 '축소된 미래 공간'인 셈이다.

이와 관련하여 디지털 교육전문가인 이시도 나나코(石戸奈々子)는 '미래 교육이란 미래 사회가 요구하는 핵심 능력을 키우며 성장해 나가는 것'이라고 설명한다.[38] EBS 다큐프라임 〈미래 학교〉에서는 미래 학교를 '구름 속의 학교'로 정의했다. 수요에 따라 탄력적이고 안정적인 시스템 환경 확보가 가능한 클라우드 기반의 교육이 될 것이라는 예측 때문이다. 이런 정의들을 미루어 보아 미래 학교를 통해 우리가 이루어야 할 목표는 온라인 플랫폼에서 미래 사회가 요구하는 인재를 양성하는 것이다.

온라인 수업에서 교사가 담아야 할 내용은 미래 인재의 역량이라고 알려진 창의적 사고, 책임감 등을 키워 줄 수 있는 다양한 활동이다. 이는 '온라인 협동 수업'으로 가능하다. 이 장에서는 교실에서 손쉽게 실천할 수 있는 방법을 현직 교사들의 수업 사례에서 찾아보고자 한다.

---

38) 이시도 나나코, 미래교실-상상력과 창조력이 깨어나는 내일의 배움터(청어람미디어, 2016) 참조

영시로 감사 표현하기

▶

활발한 온라인 상호 작용을 끌어냈던 실제 사례를 살펴보면 수업을 설계하기가 훨씬 수월해질 것이다. 특히나 영어 교과의 경우는 학생들로부터 영어에 대한 두려움을 해소하고 즐겁게 영어를 받아들이도록 해야 하는데, 교과서 리딩과 문법 위주의 교육은 온라인 수업에서 더욱 환영받기 힘들다.

지금부터 살펴볼 것은 대구 서동중학교 최선경 선생님의 중등 영어과 수업의 예시이다. 구글 클래스룸 기반이며, 패들렛을 활용해 어떻게 활발한 상호 작용을 끌어냈는지 자세한 과정을 담았다.

수업 개요

온라인 수업의 특성상 교사가 일방적으로 강의하는 형식이 교과서 진도를 나가기에 가장 편리한 방법이지만 학생들의 참여와 흥미를 높이기에는 역부족이다. 따라서 학기 중 쉬어가는 의미로 모두가 참여할 수 있는 형태의 수업을 진행하는 것은 여러모로 도움이 된다.

해당 수업은 가정의 달과 맞물려 가족들에게 감사 표현을 하되 영시(英詩)로 해 보는 것을 목표로 삼았다. 그렇다고 영작을 하기에는 부담스러운 부분이 있어 짧게 삼행시 형식을 빌리기로 하였다. 바로 Acrostic Poem이다. Acrostic Poem은 제시어를 보고 연상되는 단어들을 나열하여 말하고자 하는 주제를 적어 나가는 것이다. 방법은 각 행의 첫 번째 글자로 단어나 구를 만들면 된다. 예를 들어 Candy라는 제시어가 주어졌다면 다음과 같이 Acrostic Poem을 만들 수 있다.

Crunchy chewy

Awesome

Nice and sweet

Delightful and delicious

Yummy treat

이외에 단순하게 연관된 단어를 나열할 수도 있고, 이어진 단어 및 구 전체가 한 문장이 되도록 할 수도 있다. 창작인 만큼 따로 제한을 두지는 않았기 때문에 학생들의 재기발랄하고 센스 넘치는 과제물들을 기대할 만하다.

수업 시 구글 클래스룸을 기본 플랫폼으로 삼아 과제를 게시하였다. 과제물은 패들렛을 통해 각자의 작품을 게시하도록 했다. 포스트잇 형태로 각자 작품을 게시하고, 다른 학생들이 서로의 작품에 댓글을 달며 소통할 수 있도록 유도하였다. 수업의 개요는 다음과 같이 표로 정리할 수 있다.

주제	가정의 달을 맞아 영시로 감사 표현하기
온라인 플랫폼	구글 클래스룸
관련 키워드	#acrostic poem #poem #thanks #may #family
수업 활동	• 5월 가정의 달 기념 감사하기 • Acrostic Poem으로 감사함 표현하기 • 실시간 수업 시 구글 미트 활용, 학생 상호 소통 끌어내기
관련 자료	• 구글 문서 • Acrostic Poem 설명 영상 • Acrostic Poem 게시 패들렛
자료 출처	유튜브 및 구글 사이트

수업 진행 과정

구글 클래스룸에 과제를 안내하기에 앞서 학생들과 실시간 온라인 수업 중 미리 Acrostic Poem에 관해 설명하고 과제를 예고했다. 설명을 글로 볼 때와 교사가 직접 설명해 줄 때의 이해도가 달라서 과제가 부과되기 전 실시간 수업 시 한 번 정도 언급해 줄 필요가 있다. 시각적 효과를 극대화하여 Acrostic Poem에 대한 안내 동영상을 만들어 상영하는 것도 좋은 방법이다. 유튜브 등의 동영상 공유 사이트에

Acrostic Poem을 검색하면 영어로 소개하는 영상도 있으므로 첨부하는 것도 고려해 볼 만하다.

앞서 안내한 바와 같이 구글 클래스룸을 통해 과제를 부여하였다. 활동지를 첨부 파일로 제공하되 기술적인 문제로 파일이 열리지 않는 경우를 대비하여 과제 안내창에 활동 전체 흐름을 기술해 두는 것이 좋다.

이미 Acrostic Poem에 대한 간략한 설명을 진행한 상태였지만 구글 클래스룸에 과제를 공지할 때 다시 한번 상기시키고 Acrostic Poem의 견본을 제시하여 학생들의 이해를 도왔다. 과제 수행 시에는 두 단계를 거치도록 안내했다.

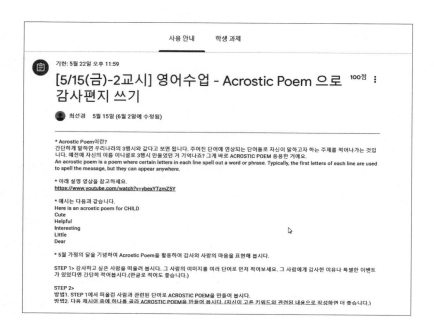

STEP 2>
방법1. STEP 1에서 떠올린 사람과 관련된 단어로 ACROSTIC POEM을 만들어 봅시다.
방법2. 다음 제시어 중에 하나를 골라 ACROSTIC POEM을 만들어 봅시다. (자신이 고른 키워드와 관련된 내용으로 작성하면 더 좋습니다.)
*제시어: family, parents, love, may, father, mother, children, labor, teacher(s), grandfather, grandmother, sister, brother, siblings, thank(s), thank you, couple, day, month, etc. (자신이 직접 키워드를 정해도 좋습니다.)

Keyword: _____
My Own ACROSTIC POEM

[과제안내 및 과제제출방법]- 사진 2장 첨부
1. Acrostic Poem을 완성한 후 사진을 찍어 과제제출해주세요. 그림을 곁들이거나 타이포셔너리 형태로 표현해도 좋습니다.(첨부된 Acrostic Poem 예시 작품을 참고하세요. 단, 예시와 똑같이 작성하면 안됩니다.)

2. 패들렛에 들어가서 자신의 작품사진과 간단한 설명, 소감을 남겨주세요. 친구의 작품을 감상한 후 3명 이상에게 별점과 댓글을 남겨주세요.
(3-1반출에 입력)
https://padlet.com/sunkyongchoi46/r21yvmc4a1zkbfv1

3. 러닝로그를 작성해 주세요.
https://forms.gle/gyT7kqy68Vs3Aa6V7

4. 자신이 만든 ACROSTIC POEM을 감사의 말과 함께 가족, 친구, 선생님 등에게 전송하고 인증샷을 남겨주세요.
*** 자신의 작품을 돋보이게 꾸미는 방법은 여러 가지 있는데요. 다음 4가지 방법 중 하나를 고르시면 됩니다.
1.망고보드(https://www.mangoboard.net) – 사용법 링크: https://www.youtube.com/watch?v=SNmupWoXOOE
2.미리캔버스(https://www.miricanvas.com) – 사용법 링크: https://www.youtube.com/watch?v=q_2HnEPO3sA
3.안드로이드 글그림(https://blog.naver.com/zyzyzlzlzi/221437870577)
4.아이폰 쓰샷(https://tarantra.blog.me/221417303081)
위의 4가지 방법이 다 너무 어려우면, 연습장에 손글씨로 쓰고 색연필이나 사인펜으로 직접 꾸며서 사진 찍어도 됩니다.

[선택과제 안내] 온라인 감사카드 만들어 감사한 분께 보내기
아래 사이트에 들어가서 만들 수 있어요. (가입 필요 X, 쉽게 만들어 링크 복사 후 톡으로 보낼 수 있음)
https://www.greetingsisland.com

*** 만드는 방법 : 사이트 들어가서 왼쪽 제일 위 세 줄 눌러보면 카드- Thank you(감사카드)- 원하는 모양 선택 후 Customize 선택- 원하는 모양 선택 후 글쓰기(사진도 추가 가능)-출력도 가능하고 온라인으로 보내기도 가능

구글 클래스룸에 공지한 과제

STEP 1에서는 가족 중 감사를 전하고 싶은 구성원을 선정하고, 그 사람을 떠올렸을 때 연상되는 이미지를 단어로 나열한다. 다음으로 그 사람에게 특별히 감사한 이유와 이벤트가 있다면 적어 본다. 이 단계는 영어로 작성해도 좋지만, 반드시 그럴 필요는 없어 한글로 적는 것을 허용하였다.

STEP 2는 family, parents, love, father, mother 등 몇 가지 제시어를 나열한 후 그중에서 하나를 골라 Acrostic Poem을 만드는 단계이다. 제시어 외에 학생이 스스로 키워드를 정해도 좋다는 코멘트를 달았다. 다음은 첨부했던 수업 활동지이다.

THANK YOU Card using ACROSTIC POEM

반 : _____   번호 : _____   이름 : _____

- Acrostic Poem이란?

  간단하게 말하면 우리나라의 3행시와 같다고 보면 됩니다. 주어진 단어에 연상되는 단어들로 자신이 말하고자 하는 주제를 적어 나가는 것입니다.

  An acrostic poem is a poem where certain letters in each line spell out a word or phrase. Typically, the first letters of each line are used to spell the message, but they can appear anywhere.

- 설명 영상을 참고하세요. https://www.youtube.com/watch?v=ybexYTzmZ5Y

- 예시는 다음과 같습니다.

  Here is an acrostic poem for CHILD

  Cute Helpful Interesting Little Dear

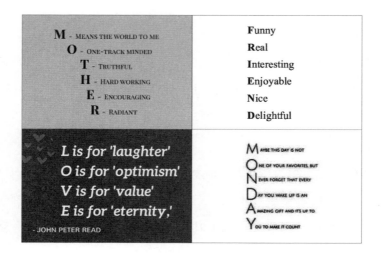

STEP 1〉

감사하고 싶은 사람을 떠올려 봅시다. 그 사람의 이미지를 여러 단어로 먼저 적어 보세요. 그 사람에게 감사한 이유나 특별한 이벤트가 있었다면 간단히 적어 봅시다.

(한글로 적어도 좋습니다.)

_____

_____

_____

_____

_____

STEP 2〉

방법1. STEP 1에서 떠올린 사람과 관련된 단어로 ACROSTIC POEM을 만들어 봅시다.

방법2. 다음 제시어 중에 하나를 골라 ACROSTIC POEM을 만들어 봅시다.

(자신이 고른 키워드와 관련된 내용으로 작성하면 더 좋습니다.)

※ 제시어 : family, parents, love, may, father, mother, children, labor, teacher(s), grandfather, grandmother, sister, brother, siblings, thank(s), thank you, couple, day, month, etc. (자신이 직접 키워드를 정해도 좋습니다.)

Keyword: _____

My Own ACROSTIC POEM

_____

_____

_____

_____

_____

_____

수업 활동지의 예시대로 Acrostic Poem을 완성한 후에는 작품 사진과 설명, 소감 등을 패들렛에 제출하도록 했다. 그림이나 타이포셔너리 형태로 제출하는 것을 권했더니 무척 다양한 작품을 볼 수 있었다. 과제 제출 후에는 학생들 간의 활발한 소통을 위해 서로의 작품을 감상한 후 3명 이상에게 별점과 댓글을 남기도록 유도했다. 교사가 먼저 긍정적인 댓글을 남기면 학생들도 자연스럽게 긍정적인 방향의 댓

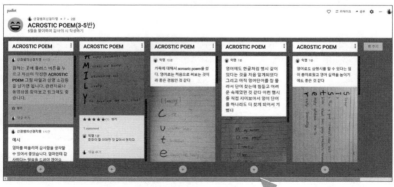

페들렛에 게시된 과제와 댓글들

글을 남기는 경향이 있어 교사의 역할이 중요하다. 교사가 댓글을 남길 때 질문형으로 마무리하여 학생들이 답하도록 유도하는 것도 방법이다.

패들렛에 과제 제출과 댓글을 남긴 후에는 구글 문서를 활용하여 러닝로그를 작성하도록 했다. 러닝로그는 수업이 이루어진 날짜와 수업 시간에 수행한 활동, 새롭게 배운 사실이나 중요하다고 생각하는 내용을 비롯해 수업에 참여하면서 느낀 점 또는 질문 등을 기록하는 작업이다.

영어 수업의 경우에는 새롭게 알게 된 단어나 숙어, 문법 등을 적을 수 있다. 러닝로그를 작성하면 진행했던 수업 내용을 돌아보고, 학생들의 피드백을 확인할 수 있어 추후 수업 계획에 도움이 된다. 학생들 또한 스스로 학습한 내용과 활동에 대해 깊이 고민하는 알찬 시간으로 활용할 수 있다.

감사의 시를 썼다면 당연히 감사한 대상에게 전달해야 한다. 이를 위해 감사한 대상에게 Acrostic Poem과 감사의 말을 담아 전송한 후 인증샷을 남겼다. 망고보드와 미리캔버스, 안드로이드 글그램, 아이폰 스크린 샷 등을 사용하여 Acrostic Poem을 돋보이게 꾸미는 방법도 더불어 소개했다. 인증샷은 메신저를 보낸 후 답변을 캡처한다든지, 가족과 작품을 들고 찍은 사진을 제출하는 등의 방법을 사용하였다.

Hello, 선경teacher :]
My name is 전소현.
Thank you for having fun teaching English for 3 years.
I will study harder so that the teachings in the
meantime are not wasted.
Happy Teacher's Day and be happy!
Always be healthy!

감사의 시를 전달한 학생들의 인증샷

학생 작품 예시

　　특별한 수업을 기념하기도 하고, 친구들의 작품을 감상할 수 있도록 학생들의 Acrostic Poem 작품과 감상을 영상으로 제작하여 링크를 걸어둠으로써 누구나 시청할 수 있도록 만들었다.

도움이 필요할 때 부모님께도 말하지 못한 일이 있었습니다. 그래서 살아 있고 기회가 있는 한 영원히 언제든 볼 수 있는 수평선(지평선)처럼 부모님도 언제든 볼 수 있으니 힘들면 도움을 요청하기로 마음먹었습니다. 영어로 삼행시 짓기는 힘들었지만, 부모님께 제 감정을 표현할 수 있어서 뿌듯했습니다.

S SOMTIMES
I I GOT
S STRESS BY
T THEM BUT THEY
E EVERY TIMES BY MY SIDE
R REALLY

동생하면 떠오르는 문장을 sister로 표현해 봤다. Acrostic Poem은 처음 써봐서 잘 안 써지긴 했지만 쓰고 나니 나름 뿌듯하고 이걸 쓰면서 동생이 나에게 어떤 의미인지 더 생각해 볼 수 있어서 좋았던 것 같다.

Make our family happy
Only one in the world
Thankful and
Helpful for me
Even beautiful
Respectable person

나에게 엄마란 무슨 의미인지를 생각하면서 만든 것이고 이 글을 적다 보니 엄마께 감사하다는 말을 전해야겠다고 생각하였다.

c ommitment
o nly you
u nusual
P ropose
l ove

나한테는 정말로 고마운 어머니와 아버지가 한때는 커플이었다는 사실을 내 머릿속에 오래오래 기억하기 위해서 이 작품을 만들었다.

FAMILY
F family is
A always
M my life
I will love and
L love
Y you so much

주제를 가족으로 정하며 가족의 의미를 더 자세히 생각해보는 계기를 갖게 되었고, 그들에 대한 감사함과 사랑을 느낄 수 있었다. 영어 삼행시는 처음이라 조금 어려웠지만 재밌었다.

She is six years older than me
I often fight with her
Soon, we'll get better
These are real sisters! Ha-haII
moment, I feel this when I play with her
Remember forever, she is precious to me

요즘 언니와 함께 하는 시간이 많아지면서 돈독해진 사이에 고마워하는 말을 전하고 싶었습니다.

러닝로그 외에 활동에 대한 소감을 적도록 일정한 양식을 만들어 나누어 주었다. 작성 후 실시간 수업 시 원하는 학생들이 발표하게끔 하여 느낀 점을 나누는 것도 좋다. 학생들의 참여도가 높고 자신의 작품이 거론될 때마다 박수가 터져 나와 수업의 분위기도 무척 활발했다. 다음은 발표했던 학생이 작성한 소감이다.

영시로 감사 표현하기 수업 소감

• 오늘 학습한 소감을 적어 봅시다.

평소 가족에 대한 소중함을 잘 느끼지 못하고, 가족이 나에게 해 주는 것들은 모두 당연하다 여기고 넘어가는 일이 많았다. 이번 시간을 통해 내 생각이 너무나 잘못되었다는 것을 알 수 있었다. 또 그동안 가족에게 사랑하고 감사하다는 표현을 어색해서 하지 못했다. 이번 활동을 통해 가족에게 사랑하고 항상 감사하다는 표현을 할 수 있었다.

앞으로 자주는 아니더라도 한 번씩 항상 사랑하고 감사하고 있는 나의 마음을 가족에게 표현하며 살아야겠다. 내 곁에 있는 사람들을 통해 내가 더 성장할 수 있으니 가족뿐만 아니라 내 주위에 있는 다른 사람들에게도 항상 감사하며 살아야겠다. 이번 시간은 그 어떤 때보다 뜻깊고 소중한 시간이었다.

행복한 나날이 많은 5월인데 COVID-19 때문에 너무 의미 없이 빠르게 지나간 것 같아 아쉬웠다. 이러한 활동을 하며 가족과 주위 사람들의 소중함에 대해 다시 생각할 수 있

어 좋았다.

5월이 가정의 달인지도 잊었었는데 이렇게 수업으로 알게 되고 가족들을 생각하게 되었다. 그리고 영어에도 3행시 같은 단어가 있는지도 처음 알았다.

· **친구가 작성한 시 중 가장 인상 깊은 것 한 가지를 고르고 이유를 말해 봅시다.**

> T thankful
> E encourage
> A amuse
> C cheer
> H hope
> E excellent
> R respect

다른 친구들은 거의 다 family나 love를 선택해서 가족에게 감사함을 표현했는데 이 친구는 선생님께 감사함을 표현했다. 생각해 보면 가족에게 '사랑한다, 감사하다'라는 표현을 잘 못했듯이 선생님들께도 이런 표현을 잘하지 못했던 것 같다. 가족 다음으로 친구들과 선생님들과 함께하는 시간이 많은데 선생님께는 감사하다는 표현을 못해서 너무 죄송했다. 이 시를 통해 선생님께도 '항상 감사하다'는 표현을 해야겠다는 생각을 할 수 있고 좋은 시를 만들어 준 친구에게도 고맙다.

교사의 소감

대면 수업으로 진행하던 수업이 온라인 공간으로 옮겨지면서 다양한 수업 방법과 상호 작용에 관한 고민이 쏟아진 가운데 영시로 감사를 표현하는 수업은 학생들의 호응도가 높았고, 의미도 찾을 수 있는 수업이었다고 평가된다. 수업을 진행했던 최선경 선생님은 다음과 같은 소감을 남겼다.

"학생들의 작품과 댓글을 읽어보고 이 수업을 진행하기 참 잘했다는 생각이 들었습니다. 예상보다 학생들이 가족과 친구, 선생님에 대한 감사의 마음을 아주 잘 표현해 주어 감동하였습니다. 영어 수업을 통해 감사한 분들을 한 번이라도 더 떠올려 봤다는 점에서 아이들에게 좋은 영향을 끼친 것 같아 보람도 있었습니다. 아이들이 남긴 소감을 읽으며 미소 짓고 있는 자신을 발견하기도 하였습니다. 온라인 수업을 처음 시작하면서 걱정부터 앞서 수업을 어떻게 진행해 나갈지 난감했습니다. 지금도 여전히 어려움이 있지만 이러한 수업 사례가 하나둘씩 쌓이면서 온라인 수업에 대한 자신감도 함께 높아지고 있는 것 같습니다."

패들렛을 활용하여 영시로 감사 표현하기 수업은 과제 수행과 더불어 댓글을 통한 활발한 소통이 강점이다. 감사 표현하기 외에 다양한 주제로 바꾸어 진행하는 것도 충분히 가능하다. 예를 들어, 호국보훈의 달의 경우 순국선열에게 편지쓰기, 한글날을 기념해 세종 대왕에게 편지쓰기 등으로 주제를 바꾸면 어렵지 않게 수업할 수 있다.

미래 교육 협동 수업이 답이다

온·오프라인을 결합한 논설문 프로젝트

글쓰기 능력은 생각과 감정을 표현하는 주요 수단이다. 특히나 온라인 수업은 글을 통해 의견을 표현하고 평가받는 경우가 많아 글쓰기에 흥미를 느끼고 실력을 향상할 수 있도록 수업을 구성해야 한다. 게다가 문해력과 비판적 사고, 의사소통 능력은 미래 사회의 필수적인 덕목으로 거론되고 있다. 이런 역량들은 글쓰기와 독서를 통해 심화시킬 수 있으므로 글쓰기 수업을 가볍게 보아서는 안 된다.

그러나 온라인으로 글쓰기 교육을 진행하기가 쉽지만은 않다. 그런 가운데 기존의 교육 과정을 재구성하여 '초등 논설문 쓰기' 수업을 흥미롭게 구현한 사례가 있어 소개하고자 한다. 해당 수업 예시는 온라인(패들렛·구글 문서)에 기반을 두고 오프라인 피드백을 결합한 것으로 대구 욱수초등학교 이수진 선생님의 수업이다. 지금부터 그 수업을 자세히 들여다 보자.

온라인 수업에서의 의사소통은 대면 수업과 상당한 차이가 있다. 대면에서는 주로 말과 제스처로 소통이 이루어지지만 온라인에서는 글로 표현해야 하는 경우가 많기 때문이다. 이와 관련하여 이수진 선생님은 온라인 수업 진행 시 학생들의 소통 역량에 대해 깊이 고민해 왔고 그 답을 글쓰기 수업, 특히 논설문 작성에서 찾았다고 이야기한다. 더 나아가 자기 생각을 논리적으로 표현해야 하는 논설문 쓰기를 책 출판으로까지 연계함으로써 학생들의 자신감을 높이는 데 큰 도움을 준 수업으로 평가받는다.

해당 수업의 개요를 표로 정리하면 다음과 같다.

과목	관련 단원	재구성	차시
국어	4. 효과적으로 발표해요	팬데믹 이후 글쓰기는 온라인상에서 교사-학생 간의 주요 소통 수단이 되었다. 뿐만 아니라 학생들의 글쓰기 및 공감·소통 능력 발달은 대단히 중요한 요소이다. 학생들이 자기 생각을 논리적으로 표현할 수 있도록 논설문 쓰기 수업을 재구성하여 진행해 보았다.	총 15차시 (국어 11차시 실과 2차시 창체 4차시)
	7. 글 고쳐 쓰기		
실과	3. 생활과 소프트웨어	국어 수업에서 함양한 비판적 사고 능력을 실과 수업과 융합하여 수업을 설계했다.	

미래 교육 협동 수업이 답이다

| 창의적
체험활동
(창체) | 책 쓰기 동아리 | 학급 단위 '책 읽고 논설문 쓰GO!'
프로젝트와 연계하여 학생들이
읽은 책이나 인터넷을 통해 접한
정보를 활용해 논설문을 쓴 후, 책
쓰기 활동으로 확장하였다. | |

수업 진행 과정

먼저 패들렛에 '별난수사대 제보 코너'를 마련한다. 수사대에 제보까지 등장하여 뭔가 거창한 내용일 것 같지만 이 온라인 공간은 학생들이 논설문의 주제가 될 만한 쟁점을 제보하는 것이 목적이다. 학생들이 읽었던 책도 좋고 인터넷 기사나 신문기사, 유튜브 등 다양한 소스를 통해 접한 이슈를 찾아 정리하여 패들렛에 포스팅한다.

그런 다음, 논설문 주제를 최종적으로 선정하기 위해 학급 토론이 진행된다. 온라인 수업 시 줌을 활용한다면 대화창을 통해 간단한 투표가 가능하다. 만약 서너 개의 주제로 좁혀졌다면 지지하는 주제에 따라 소그룹 회의실로 분리하여 자신들이 지지하는 주제가 최종 주제로 선정되어야 하는 이유를 정리한 후 다시 모여 최종 주제를 선정할 수도 있다.

소주제가 정해지면 조별로 스마트패드와 구글 문서를 이용해 본격적인 협력 논설문 쓰기에 들어간다. 구글 문서에 각자의 계정을 등록하면 수정 및 추가되는 사항을 실시간으로 확인할 수 있어 협력하는 글쓰기에 안성맞춤이다.

혼자 쓰는 글이 아니므로 자신의 의견을 상대방에게 이해시키는 과정이 자연스럽게 들어가게 되며, 정보의 홍수 속에서도 꼭 필요한 정보를 가려내는 능력도 키울 수 있다. 만약 논설문을 쓰는 과정에서 견해차가 크면 교사에게 도움을 요청하거나 패들렛에 해당 문제를 게시하여 댓글을 통해 의견을 수집해 볼 수도 있다.

이러한 일련의 과정을 거친 후, 퇴고로 마무리한다. 교사는 구글 문서나 패들렛 등에 참여하여 전 과정이 원활하게 진행되도록 조력자 역할을 해야 하며, 필요한 피드백과 도움을 주는 역할을 담당한다.

단원	7. 글 고쳐 쓰기
성취 기준	목적이나 주제에 따라 알맞은 내용과 매체를 선정하여 글을 쓴다.
학습 주제	자료를 활용해서 글을 쓸 수 있다.
핵심 역량	비판적·창의적 사고 역량, 자료·정보 활용 역량, 의사소통 역량
수업 전략	별난수사대, 패들렛 토의·토론, 구글 문서, 오프라인 피드백
학습 내용	

미래 교육 협동 수업이 답이다

　처음에는 학생들이 우왕좌왕하며 혼란스러워했다. 하지만 교사가 간단한 예시를 들어 설명함으로써 대부분 학생이 온라인 글쓰기에 흥미를 갖고 적극적으로 참여할 수 있었다. 아래에 학생들이 작성한 글의 예시이다. 하지만 일부에서는 온라인상의 익명성을 악용해 장난을 치거나 훼방을 놓는 일도 있었다고 한다.

　이런 사태를 방지하기 위해 교사는 학습자들에게 분명한 성취 기준을 미리 알려 주어야 하며 구글 문서에서 글을 수정하거나 패들렛에서 댓글을 달 때 비속어 사용 금지, 친구들의 의견에 비방 금지, 장난스러운 표현 금지 등의 약속을 미리 알리는 것도 좋다. 성취 기준을 기반으로 한 평가가 강화된다면 온라인 글쓰기에 있어 방관자가 줄어들고 전반적인 학습 효율도 높아질 수 있다.

일회용품 사용을 줄입시다.

1모둠 협력 글쓰기

S (서론)	빈부격차에 대한 설명여러분은 일회용품이 일으키는 피해에 대해 알고 계십니까? 요즘 바다로 배출되는 일회용품의 양이 800만톤이나 된다고 합니다. 상상만 해도 정말 엄청난 양이지 않나까? 이러한 상황에서 일회용품을 쓴다는 것은 불씨에 기름을 붓는 것과 같다고 생각합니다. 따라서 저는 일회용품 사용을 줄이자고 주장합니다.
E1 (근거1)	첫째, 피해가 점점 더 심해집니다. 저는 '소원'이라는 책을 읽었습니다. 책에는 플라스틱을 먹거나 각자지 다양한 이유 때문에 고통받는 동물들이 나왔습니다. 저는 그것을 보고 너무 안타까웠습니다. 플라스틱 때문에 해양경제에 대한 손실이 연간 80억 달러나 된다고 합니다. 이는 한화로 약조 5000억원에 이르는 돈입니다. 이처럼 일회용품때문에 많은 피해가 있습니다. 그러므로 우리는 일회용품 사용을 줄입시다.
E2 (근거2)	둘째, 후회를 할 수 있습니다. 일회용품을 많이 쓴다면 우리가 살 지구를 우리가 오염시키게 됩니다. 그렇게 된다면 플라스틱과 같은 쓰레기들이 우리의 환경을 파괴 하게 됩니다. 지구의 오염율 한 번 생각해 본다면 일회용품 사용에 대해 후회할 수 있습니다.
E3 (근거3)	셋째, 예방법 이 있습니다. 카페나 야외활동을 할 때 일회용품을 쓰지 말고 머그컵이나 보온병을 사용합니다. 또는 일회용품을 재활용을 합니다. 다른 페트병을 화분으로 쓴다거나 연필꽂이 등등으로 바꾼다면 일회용품에 대한 후회할 수 있습니다.
T (결론)	속담 중에 우물에 침뱉기라는 속담이 있습니다. 그 뜻은 자신이 좋지 않은 일을 하면 자신에게 피해가 되돌아온다는 뜻입니다. 이와 같은 이유로 일회용품 사용을 줄이자고 주장을 다시 한 번 강조합니다.

일회용품 사용을 줄입시다.

2모둠 협력 글쓰기

마인드-셋(MIND-SET) 논설문 개요짜기

S (서론)	요즘 일회용품 사용이 늘어나고 있습니다. 하루 동안 사용한 일회용품의 갯수를 헤아려보셨나요? 비닐장갑부터 마스크까지 하루에도 엄청난 시간 분다 이 오래 걸린다고 합니다. 따라서 저희는 일회용품 사용을 줄이자 라고 주장합니다.
E1 (근거1)	첫째, 인류의 미래를 생각합시다. 플라스틱이나 일회용품을 사용할수록 환경이 나빠집니다. 그로인해 물고기 같은 생물들도 피해를 받고 있습니다. 우리가 일회용품을 계속 사용한다면 미래는 어떠한 환경이 될지 생각해 봅니다. 지금도 이미 나빠질대로 나빠진 환경 때문에 후손의 미래가 아닌 우리들의 미래를 위하여 일회용품 사용을 줄여야 합니다.
E2 (근거2)	둘째, 우리도 건강 악화가 됩니다. 우리가 버린 쓰레기들을 물고기와 물고기의 먹이로 많은 미세 플라스틱이 들어가있습니다. 우리는 물고기를 회도 떠먹고 우리가 반찬으로도 먹는 여러 마저도 물고기로 만들어져 있습니다. 결국 미세 플라스틱을 먹은 물고기가 우리 몸속으로 까지 들어가 사람들의 건강을 위협하게 됩니다.
E3 (근거3)	셋째, 일회용품 처리비용이 큽니다. 앞서 서론에서 말했듯이 요즘 우리는 일회용품 사용이 많아진다는 건 처리비용도 많아진다는 것입니다. 일회용품을 줄인다면 환경과 비용도 아낄 수 있는 일석이조의 상황을 만들어 낼 수있습니다.
T (결론)	여러분은 일회용품을 많이 사용합니까? 일회용품은 지금의 우리에게는 편리할지도 모르지만 여러분이 일회용품을 사용하는 만큼 뒤와 같은 위험들이 미래의 우리에게 다시 돌아오게 됩니다. 그러므로 저희 모둠은 일회용품 사용을 줄이자고 강력하게 주장합니다.

학생의 소감

영상을 통한 정보 습득에 익숙한 아이들은 정보를 수신하는 태도에 익숙해져 있어 자신의 의견을 표현하는데 서투르거나 문해력이 현저히 떨어질 수 있다. 영상의 경우 정확한 뜻을 이해하지 못해도 배경음악이나 행동, 분위기를 통해 이해가 가능하기 때문이다.

따라서 다수의 학생이 글쓰기 활동에 어려움을 느끼고, 논설문 쓰기 수업 자체를 부담스럽게 여긴다. 다행히 해당 수업은 온라인 협업으로 진행되어 즐거웠다고 피드백을 준 한 학생의 소감을 소개한다.

> "언제 어디서나 인터넷에 접속해서 글쓰기를 할 수 있어 조원들과 의논해 논설문 쓰기를 완성할 수 있었다. 논설문 완성을 위해 '사전 협의하기-개요 짜기-초고 쓰기-최종 완성 글쓰기-퇴고하기'의 단계를 거친다는 것은 너무 힘들었다. 하지만 친구들과 영상 통화나 문자로 소통하고 협력할 수 있어 즐겁게 할 수 있었다."

교사의 소감

팬데믹 이후 온라인 수업을 꾸준히 진행해 오던 이수진 선생님은 온라인 소통의 핵심이 글쓰기 능력임을 일찌감치 인지하였다. 이에 학생들이 꺼리는 글쓰기 수업에 빠짐없이 참여시키고 도움을 주기 위해 정성으로 수업 설계에 몰두했다. 결과적으로 다양한 온라인 도구와 오프라인 피드백을 결합하여 논설문 쓰기 수업을 진행하기에 이르렀다. 학생이 홀로 수행해야 하는 것이 아니라 협업 글쓰기라는 형식 덕분에 학생들의 호응도가 높았다.

온라인 수업에 자신감을 얻어 '책 읽고 논설문 쓰GO' 프로젝트의 일환인 '2020 전국 재난 안전 수기'에 도전했다. 학생들은 '팬데믹 상황 중 사회에 바라는 것'이라는 주제로 논설문을 써서 제출했다. 학생 중 한 명은 청소년부 우수상과 상금 50만 원을 받았고, 다른 학생 세 명은 가작으로 선정되었다. 이수진 선생님 또한 지도 교사상을 받는 쾌거를 이루었다.

그뿐만 아니라 학생들의 글을 엮어 『열세 살, 우리가 바라는 세상』으로 출간되었다. 학생들은 문학 작품을 읽고 그 속에서 발견한 문제를 제재로 선택해 논설문을 썼다. 문학 작품을 매개로 한 논설문 쓰기는 삶과 분리된 딱딱한 논설문이 아니라 실제 삶의 모습과 연결된 부분이 많아 학생들이 더욱 흥미로워한다.

이수진 선생님은 책에서 "이것은 학생들의 성장 과정을 여실히 보여주는 과정 중심 평가의 결과"라며 "논설문 쓰기를 통해 논리력과 표현력을 기르고 다른 사람의 의견을 존중하는 포용력까지 갖추어, 학생들이 멋진 어른으로 성장하길 바란다"라고 전했다.

다음은 수업을 진행한 이수진 선생님의 소감이다.

"온라인과 오프라인이 결합한 글쓰기 수업을 구상하면서 개별화된 피드백에 초점을 맞추었습니다. 온라인 환경을 적극적으로 활용하고 학생들과 밀접한 관계를 만들기 위해 최선을 다했어요. 원격 수업 때에는 실시간 쌍방향 토의와 토론을 끌어내려고 다양한 전략을 활용했습니다. 특히 구글 문서를 활용한 협업 글쓰기는 학생들의 참여 동기를 강화해 주었습니다. 패들렛을 활용한 지속적인 의사소통 또한 온라인 수업을 즐겁게 하는 한 요소였답니다. 오프라인에서는 과정 중심 수행평가로 학생들의 글쓰기 실력을 관리해 나갔습니다. 학생들과의 밀접한 소통을 하며 진행한 논설문 쓰기 수업의 결과가 서적 출간으로 이어져 학생들에게도, 교사인 제게도 정말 의미 있었습니다."

동영상 만들기 & 난민 협업 프로젝트

　팬데믹 이후 전 세계적으로 물리적 이동에 제한이 생겼다. 하지만 세계화의 추세와 온라인화에 발맞추어 각 나라는 인종과 언어, 문화 등에 있어 다문화적 요소를 배제할 수 없게 되었다. 이와 함께 교육 현장에서는 국경을 초월한 세계시민을 양성하는 교육에 관심이 집중되고 있다.

　그러나 우리나라는 단일 민족이라는 특성 때문에 세계시민교육에 뒤처진 것이 사실이다. 대표적 다민족 국가인 미국, 캐나다, 영국에서는 이미 세계시민교육의 학문적, 실천적 성장이 이루어지고 있다. 그렇다고 서양권 국가의 교육적 성과를 그대로 수용하기에는 상당한 부담이 뒤따른다. 단일 민족 국가의 전통과 문화를 충분히 지켜내면서 세계적인 흐름을 접목할 수 있어야 하기 때문이다. 그런 가운데 시의 적절한 주제를 선정하여 세계시민교육에 힘쓴 수업이 있어 소개하고

자 한다. 바로 대구 포산초등학교 박성호 선생님의 사회과 수업 사례이다.

초등학교 6학년 사회과에는 지구촌의 다양한 갈등이 소개되고 이를 해결하기 위한 국제기구, 개인, 비정부 기관의 노력에 대해 다루는 단원이 있다. 박성호 선생님이 학생들과 이 내용을 공부할 때 마침 대구에서 난민 인정 거부 사건이 발생했다. 기니(Guinea) 출신의 마리아와 움무 가족 이야기가 대대적으로 보도되며 큰 관심을 받았다. 그들은 난민 인정이 거부되었기 때문에 한국에서 추방되어야 하는 어려운 상황에 부닥쳤다. 당시 우리나라에서 난민은 다소 생소한 문제였으며 더욱이 어린 학생들에게는 거리감 있는 내용이었다.

이에 박성호 선생님은 패들렛을 활용하여 온라인 협업을 기반으로 하는 난민 프로젝트 수업을 진행하였다. 본 수업은 학생들이 세계시민으로서 정체성을 확립하는 데 도움을 주었을 뿐만 아니라, 사회적인 이슈를 외면하지 않고 학교에서 다루었다는 점에서 훌륭한 사례로 손꼽힌다. 지금부터 해당 수업의 세부적인 내용을 살펴보고자 한다.

수업 개요

본격적인 프로젝트에 들어가기 전에 학생들에게 난민의 정의와 난민 문제가 생길 수밖에 없는 시대적인 상황을 설명할 필요가 있었다. 수업 전 패들렛에 학생들이 생각하는 난민의 의미와 발생 원인을 아는 만큼 댓글로 달도록 유도했다. 학생들의 이해 정도를 파악하기 위함이었다. 이를 바탕으로 줌 실시간 수업을 통해 난민이 누구이며 어떻게 발생하는지를 학습했다. 좀 더 친근한 접근을 위해 관련 내용을 뮤직비디오로 만들어 보고, 난민 문제와 관련된 짤막한 그림책을 읽으며 이해도를 높였다.

이후 고국을 떠날 수밖에 없는 난민에 대한 문제와 지구촌의 다양한 갈등 사례를 조사해 보았다. 갈등의 원인을 파악하고, 국가 간 대립이 국제 사회 전체 문제로 커질 수 있음을 알게 되었다. 그리고 개인에게 미치는 부정적 영향까지 살펴보는 의미 있는 프로젝트로 발전시켰다.

대구의 난민 단체(대구 이주민 선교센터, 세이브더칠드런 동부지부, 대구 가톨릭 근로자 회관)와도 연계함으로써 현실적인 해결 방법에 대해 고민하는 시간도 가질 수 있었다. 주요 학습 내용과 연계된 온라인 협업 활동은 다음과 같다.

주제	주요 학습 내용	온라인 협업 활동
프로젝트와 만나기	• 노래로 세상을 아름답게(함께 만드는 뮤직비디오) • 움무 가족 이야기를 통해 문제 상황 알아보기	뮤직비디오 만들기(줌)
그림책을 통해 만나는 난민	• 그림책 속에서 나타나는 난민의 삶 공감하기 • 서평 쓰기	원격 학습(개별)

지구촌 갈등 문제 조사하기	• 지구촌의 다양한 갈등 상황 조사하여 　갈등지도 만들기 • 지구촌 갈등 문제 원인과 난민 사례 추 　가 조사하기 • 난민 문제 해결 NGO 만들기	온라인 학급 협업 활동 (패들렛) 온라인 팀 협업 활동 (패들렛+줌)
난민 문제 해결 방법 탐색하기	• 전문가 인터뷰하기(대구 이주민 선교 　센터) • 팀별 난민 문제 해결 방법 탐색하기 • 난민 문제 해결 프로토타입 발표 및 피 　드백	전문가와 협업 활동(줌) 온라인 팀 협업 활동 (패들렛+줌)
프로젝트 마무리	• '난민 수기'를 통해 난민들 이야기 살 　펴보기 • 프로젝트 소감 나누기	

수업 진행 과정 및 학생 작품 예시

　난민 프로젝트는 '뮤직비디오 만들기', '지구촌 갈등지도 만들기', '팀별 난민 문제 방안 모색'과 같은 세 가지 팀별 또는 학급 전체 활동으로 구성되어 있다. 먼저 프로젝트 시작 활동으로 〈염소 4만 원〉이라는 노래를 듣고 뮤직비디오를 만들기로 했다.

　다음은 뮤직비디오로 제작될 노래의 가사이다. 아프리카 아이들 후원을 독려하기 위해 만들어진 노래로 간결하지만 큰 의미를 전한다.

미래 교육 협동 수업이 답이다

염소 4만 원

너희들은 염소가 얼만지 아니

몰라 몰라

아프리카에선 염소 한 마리 4만 원이래 싸다!

하루에 커피 한 잔 줄이면 한 달에 염소가 네 마리

한 달에 옷 한 벌 안 사면 여기선 염소가 댓 마리

지구의 반대편 친구들에게 선물하자

아프리카에선 염소 덕분에 학교 간단다

지구의 반대편 친구들에게 선물하자

아프리카에선 염소 덕분에 학교 간단다

학교 보내자

이 노래의 가사에 맞추어 뮤직비디오를 만드는 것이 첫 번째 활동의 목표였다. 편집 툴을 다룰 수 있는 학생 2명이 편집팀이 되고, 나머지 학생은 가사에 어울리는 그림을 그리고 관련 사진을 찾는 등 학급 전체가 참여해 뮤직비디오를 만들었다. 사진은 온라인 학급 커뮤니티인 클래스팅 앨범방에 업로드하도록 했고, 편집팀이 이를 내려받아 뮤직비디오 제작에 사용했다.

두 번째 활동은 '지구촌 갈등지도 만들기'였다. 이 활동은 패들렛을 사용해 진행되었다. 패들렛에는 활동의 성격에 따라 선택할 수 있도록 총 8개의 서식[39]이 있다. 서식 중 '지도' 기능을 사용하였다. 지도 상에서 장소를 지정하여 게시글을 넣을 수 있다. 중간에 사진과 그림, 동영상 첨부도 가능하다. 학생들은 사회 교과서나 다양한 검색을 통해 분쟁이 있는 나라나 도시의 위치를 지도상에서 선택한다. 해당 지역의 갈등 내용을 정리하는 한편 사진과 동영상을 첨부하여 학급 전체가 지구촌 갈등지도를 만들었다. 추가적인 조사를 통해 갈등지도는 계속 업데이트할 수 있도록 했다.

온라인 협업이 주요 수업 형태이지만 줌 실시간 수업도 병행되었다. 실시간 온라인 수업이 있을 때는 소회의실 기능을 활용해 '난민 문제 해결 방안'에 대하여 모둠별로 토의가 진행되었다. 팀별로 가장 관심 있는 난민 문제를 정하고 문제 해결을 위해 다양한 조사를 진행했다. 모둠별로 토의한 내용은 패들렛에 정리하여 공유하도록 했으며 학급 전체가 읽고 즉각적인 피드백이 이루어질 수 있도록 하였다.

---

39) 담벼락, 캔버스, 스트림, 그리드, 셀프, 백채널, 지도, 타임라인의 8개 서식 중에 선택할 수 있다. 담벼락은 벽돌 형식의 레이아웃으로 콘텐츠를 담는다. 캔버스는 콘텐츠를 마음대로 흩거나 그룹화 혹은 연결할 수 있어 마인드맵 같은 활동에 자주 쓰인다. 스트림은 블로그와 비슷하게 하향식 피드 형태이다. 그리드는 콘텐츠를 박스에 줄지어 배치한다. 셀프는 일련의 칼럼으로 콘텐츠를 쌓아 배치한다. 백채널은 채팅과 비슷한 환경에서 커뮤니케이션 하기에 적합하다. 지도는 지도상의 지점에 콘텐츠를 추가할 수 있다. 타임라인은 가로선을 따라 내용을 배치한다. https://padlet.com/ 참조

미래 교육 협동 수업이 답이다

활동내용	세부 내용 및 협업 사례
뮤직비디오 만들기	1) 'Heal the World' 뮤직비디오를 보며 내용을 이해하고 의미 찾기 2) '염소 4만 원' 노래를 들으며 가사의 의미 알아보기 3) '염소 4만 원' 가사를 개인별로 나누고, 가사에 어울리는 그림 그리기 4) 클래스팅에 뮤직비디오 관련 이미지 또는 사진 업로드 5) 사진을 이용해 학급 뮤직비디오를 만들고 유튜브에 공유하기
지구촌 갈등지도 만들기	1) 난민의 뜻과 지구촌 갈등 문제 알아보기 2) 지구촌 갈등 문제 및 난민이 생기는 분쟁 조사하기 3) 지구촌 갈등 및 난민 문제 발생 원인 알아보기 4) 난민 문제 해결을 위한 팀 만들기
팀별 난민 문제 해결 활동	1) 난민 및 지구촌 갈등 문제 중 해결하고 싶은 문제 선정하기 2) 난민(갈등으로 인해 피해를 받는 사람) 입장에 공감하기 3) 문제 원인을 찾고, 도움이 되는 실천 방안 탐색하기 4) 문제 해결 프로토타입 만들기 5) 프로토타입 발표 및 피드백 받기

교사의 소감

온라인이라는 낯선 학습 환경에서 의미 있고 참여도 높은 온라인 협동 수업을 끌어내는 것은 결코 쉬운 일이 아니다. 게다가 난민 문제라는 깊이 있는 주제와 적절한 온라인 수업 도구 활용이 효과적인 수업의 핵심이었던 것으로 보인다. 다음은 해당 수업을 지도한 박성호 선생님의 수업 소감이다.

"온라인 수업이 생소한 만큼 힘들었지만 오히려 긍정적인 부분도 발견할 수 있었습니다. 먼저 오프라인에서 모둠 활동(팀 활동)을 할 때 무임승차 하거나, 너무 주도적이어서 자기 뜻대로만 하려는 학생들로 인해 갈등이 많았는데 패들렛이나 구글 문서와 같은 온라인 협업 도구를 활용하니 학생들의 공평한 참여가 가능했습니다. 또한, 말 대신 기록을 통해 발언 기회가 주어져, 조별 활동과 학생 개별 평가(과정 중심평가)도 쉽게 할 수 있었습니다. 또한 줌 등 온라인 화상 시스템의 녹화 기능을 활용하여 수업을 되돌아보며 학생들의 반응을 개별로 자세히 확인하고 피드백을 제공할 수 있어 좋았습니다. 가장 좋았던 점은 온라인 수업을 통해 교실의 물리적 공간, 시간적 공간의 한계를 뛰어넘을 수 있다는 점이었어요. 온라인 수업이었기 때문에 전문가를 모시고 생생한 정보도 듣고, 조언까지 구할 수 있었지요. 학생들도 학원 등 일정이 있어 조별 과제를 위해 모이기 어려운데, 온라인이었기 때문에 협업 도구를 적절히 활용하여 프로젝트 수행이 대단히 편리했습니다."

미래 교육 협동 수업이 답이다

줌 소회의실에서 또래 독서 훈련

독서는 예나 지금이나 공부 습관의 가장 우위에 있다고 평가받는다. 특히 초등학교 저학년 때 독서 훈련이 잘되어 있으면 이후의 학습 과정에서 읽고, 쓰고, 말하기에 어려움이 없다고도 한다.

소크라테스는 책을 많이 읽을 것을 권했는데, 남이 고생하여 얻은 지식을 아주 쉽게 내 것으로 만들 수 있다는 것이 그 이유였다. 또한 책을 통해 자기 발전까지 이룰 수 있다며 독서를 극찬하기도 했다. 빌 게이츠 역시 오늘의 나를 있게 한 것은 우리 마을 도서관이었고, 하버드 졸업장보다 소중한 것이 독서하는 습관이라고 한 바 있다. 이처럼 독서는 동서고금을 막론하고 공부와 떼려야 뗄 수 없다.

비대면 시대에 들어서면서 집에 있는 시간이 늘다 보니 학생들의 독서량은 증가하지 않을까 싶겠지만 미디어의 확산으로 책보다는 인터넷 서핑과 동영상을 보는 데 시간을 보내는 경우가 더 많다. 게다가 대면 수업이 불가능해지면서 학생들의 소통 능력에 대한 우려도 커지고 있다. 이런 상황에서 약화되고 있는 학습 능력을 강화하는 한편 온·오프라인이 적절히 결합한 블렌디드 방식의 수업이 눈길을 끈다.

성서초등학교의 최영민 선생님은 국어 교과목의 독서, 발표, 글쓰기 단원을 블렌디드 방식으로 통합하여 수업을 진행했다. 온라인에서는 교사의 동화 읽어 주기와 유튜브 동영상을 활용한 연설 태도 파악, 줌 소모임 기능으로 친구들과 읽은 내용 간추리기 활동이 진행되었다. 오프라인에서는 서평 발표를 중심으로 또래 피드백까지 연계하였다.

수업 개요

본격적인 수업에 들어가기 전 독서 활동을 위한 책을 선정하여 함께 읽도록 하였다. 다 읽은 후에는 책 내용을 요약하고 학생들 간 차이점을 나누었다. 학생들은 나름의 서평을 준비하였고, 대면 수업 시 발표를 대비해 온라인상으로 발표 방법과 태도를 학습하였다. 이후 대면 수업에서 서평을 발표하는 활동으로 이어졌다. 서로의 발표를 들은 학생들이 피드백해 가며 하나의 책을 보고도 다양하게 해석할 수 있음을 배웠다.

수업의 개요는 다음과 같은 표로 정리할 수 있다.

미래 교육 협동 수업이 답이다

주제	주요 학습 내용
선정 도서 읽기	처음 3차시는 줌 온라인 수업으로, 교사가 『가방 들어주는 아이』 (96쪽, 고정욱 지음)의 일부를 읽어 주고, 나머지 2차시는 학생들이 스스로 읽는다.
내용 간추려 차이점 나누기	줌 소회의실 기능을 이용해 서로 간추린 내용을 이야기하고 차이점을 나눈다.
발표 태도 배우기	본격적인 발표에 앞서 올바른 표정, 몸짓, 말투의 효과를 알아보기 위해 유튜브에 게시된 스티브 잡스의 스탠포드대학교 졸업식 축하 연설 동영상을 활용한다.
서평 쓰기 및 발표하기	책을 읽은 후 과제로 쓴 서평을 대면 수업 시 발표하며 서로 피드백을 주고받는다.

수업 진행 과정 및 학생 작품 예시

본격적인 프로젝트에 들어가기 전, 독서 활동이 시작되리라는 것을 공지했고, 『가방 들어주는 아이』 책을 미리 준비하도록 충분한 시간을 주었다. 공지했던 수업 시간에 줌에 접속하여 교사와 반 전체 아이들이 모였다. 첫 시간에는 흥미도를 높이기 위해 교사가 직접 온라인상에서 선정한 책 일부를 읽어 주었다. 나머지는 선생님이 읽어 준 내용에 이어 학생 스스로가 책을 읽도록 했다.

책을 읽은 후에는 학생들이 책 내용을 요약하는 과제를 완수했다. 다시 줌 온라인 수업으로 모였고, 모든 학생의 발표를 듣는 데 시간적 제한이 있어, 줌 소회의실 기능을 이용해 모둠별 발표를 진행했다. 팀원끼리 서로의 요약을 듣고 차이점을 정리하여 대화창에 남겼다.

서평 발표 전 매주 했던 활동지 예시

 국어 4-1

3. 느낌을 살려 말해요
8. 이런 제안 어때요

4학년 3반   번 이름:

※ 여러분들은 <가방 들어주는 아이>를 읽고 어떤 생각이나 느낌이 들었나요? 추천하고
싶었나요. 추천하고 싶지 않았나요? 여러분의 솔직한 의견을 일정하게 정리를 해서
발표하는 시간을 갖도록 하겠습니다. 책에 대한 평가(일명 서평)를 여러분 나름대로
내리고 정리하는 것입니다.

1. 여러분들이 서평을 쓸 때 가장 먼저 대상을 정하세요.
2. 서평을 읽는 사람이 이야기 내용을 모를 수 있으므로 간추린 내용을 쓰도록 합니다.
3. 여러분들의 의견이 잘 전달될 수 있도록 책에 대한 평가를 씁니다.
4. <가방 들어주는 아이>속 한 인물에게 제안하는 글을 써 봅니다.

※ 여러분들이 정한 주변 사람에게 <가방 들어주는 아이> 책을 추천하거나 추천하지 않
을지를 정해 서평을 써보세요.

1. 나는 가방들어주는 아이란 독회책 을 다리가 아픈 친구한테
소개해주고 싶다. 이유는 다리곪가 낼 천 구란데 희망을 돛쳐주는 느낌이 멀다.

2. 가방들어주는 아이 줄거리요약: 석우네 반에는 발이 아픈
영태이라는 아이가 왔다. 선생님이랑 영태이 엄마가 이야기를 해서
선생님이 영태이 집여 가장 가까운 석우 하느게 석우가
손 들어 석우는 영태이 가방을 들어다 주어야 했다. 처음엔
싫어했지만 갈수록 좋아졌다. 그리고 선분가 파카돈 받으면서 웃음을
받았다. 그리고 3학년이 되어서 영태이랑 난 반이 되었다.
가방심을 하더니 석우는 모범상을 받았고 영태이가 석우네 반이 되게 되어 땠나.

3. 나는 이책 가방들어주는 아이를 재미있고 다리가 아픈
친구한테 희망을 준 책 같다고 느껴서 가방들어주는 아이가
좋은 책이라고 평가한다.

4. 영태야 석우가 는 가방들어줘서 항상 고맙지? 근데 석우는
항상이다 고맙다는 말 꼭 해라.

2021. 4. 21
5. 책가 불편하면 석처심 불편한 친구를 또라 주고 싶다고 말하세요.
우리 주변에 뭐가 여럼이 불편한 사람 몰라도 찾을 살려주었고 다양한 섬 세상
행복한 세상은   같은 마음을 가진 여러 친구들이 많으로 멀어 나갈 것이라
말하고 있습니다. - 엄-

234

미래 교육 협동 수업이 답이다

오프라인 수업을 앞두고 발표자의 올바른 태도와 그 효과를 알아보기 위해 명연설로 꼽히는 스티브 잡스의 스탠포드대학교 졸업식 축하 연설을 시청했다. 학생들은 나름대로 발표자의 태도를 분석하여 정리하거나 스티브 잡스의 연설 내용 자체에 감탄하기도 했다. 영상 시청 후 학생들이 생각한 발표자의 특징적인 태도에 대해 의견을 나누었다.

대면 수업 전에는 서평 과제를 내주었다. 서평이 다소 어려울 수 있으므로 활동지를 배부하여 서평에 대한 이해를 도왔다. 너무 어렵게 느끼지 않도록, 주변 사람들에게 이 책을 소개할 의향이 있는지, 있다면 그 이유는 무엇인지, 또 없다면 왜 그런지 적도록 했다. 대면 수업 시 활동지를 기반으로 발표 시간을 가졌고, 학생들은 서로의 서평을 듣고 피드백을 주고받은 후 수업이 마무리되었다.

교사의 소감

팬데믹 이후 온라인 수업과 대면 수업을 병행하게 되면서 두 방식의 수업을 이끌어 가는 데 상당한 어려움을 호소하는 경우가 많았다. 온라인 수업에서는 가능한 활동이 대면 수업에서는 불가능하거나 반대의 상황도 벌어져 수업의 연속성이 끊기고는 했다. 해당 수업은 이 간극을 잘 활용하여 블렌디드 방식 수업의 좋은 예로 평가받는다. 해당 수업을 진행한 최영민 선생님은 다음과 같은 소감을 남겼다.

"처음 온라인 수업과 대면 수업을 병행할 때는 강의식의 수업을 이어 갔습니다. 하지만 온라인 수업 시 학생들의 집중도가 떨어졌고 이 방식으로는 금세 한계가 오리라는 것을 짐작할 수 있었습니다. 다양한 수업 방식을 고민하다가 온라인과 오프라인을 결합한 수업을 설계하여 실행에 옮겼습니다.

과연 제대로 성과를 낼 수 있을지, 학생들이 흥미를 느끼고 참여할지 확신이 서지 않아 걱정이 컸습니다. 다행히도 학생들은 책을 읽어 주는 선생님의 목소리에 집중해 주었고, 끝까지 읽어 달라는 장난 섞인 부탁을 하기도 했습니다.

학생들은 한 명도 빠짐없이 책을 읽고 내용을 잘 간추렸으며 서평 또한 훌륭하게 작성하여 감동을 주었습니다. 발표자의 태도를 관찰하기 위해 스티브 잡스의 강연 동영상을 선택하면서 과연 아이들이 이해할 수 있을까 싶었는데 강연을 보고 손뼉을 치며 화답하는 모습에 놀라기도 했습니다. 온라인과 오프라인을 번갈아 가는 수업에 정신이 없었을 텐데 잘 따라와 준 학생들에게 고마움을 전합니다."

구글 슬라이드와 러닝로그를 활용하다

온라인 수업이라고 해서 모든 수업을 학생 참여형 수업 형태로 가져갈 수는 없다. 학년이 올라갈수록 강의식 수업이 반드시 동반되어야 하는 경우가 많다. 그러나 일방적인 소통의 강의식 수업으로 일관한다면 학생들의 흥미도가 반감되어 매 수업이 힘들어질 수도 있다. 따라서 강의식 수업을 진행하면서도 간간이 학생들의 참여를 독려하는 수업 모형으로 설계하는 것이 바람직하다. 서동중학교 최선경 선생님 수업 사례가 바로 이러한 형태를 가지고 진행되었다.

수업 개요

먼저 교과서의 본문 해석과 주요 구문 정리 및 관련 문법 설명은 유튜브를 통해 강의식 수업으로 게재하고 링크를 공유하여 학생들이 학습할 수 있도록 하였다. 또한 강의식 수업이 너무 수동적이 되지 않도록 학생들에게 중간 중간 반복하여 소리 내어 읽어 볼 것을 독려했다. 이와 함께 교과서 본문에서 다루어지는 주제인 Comfort Food (추억의 음식)와 연계하여 학생들의 Comfort Food를 소개하고, 그 레시피를 작성하는 참여형 수업을 설계하였다. 온라인 수업과 오프라인 수업이 병행되었기 때문에 각 수업 형태별로 가능한 활동들을 나누어 진행했다.

온라인 수업	오프라인 수업
• 구글 클래스룸에 활동 과제 제시 • 구글 슬라이드(구글 프레젠테이션)에 작품 게시 • 친구들의 작품에 댓글 달기	• Comfort Food 소개, Recipe 소개하는 글쓰기 • 작품 제출 여부, 댓글 참여 여부를 과정 중심 평가의 한 항목으로 반영 가능 • 서술형 평가로 연계

수업의 대략적인 개요는 다음과 같이 표로 정리할 수 있다.

주제	Comfort Food
온라인 플랫폼	구글 클래스룸
관련 키워드	#comfort food #recipe #구글 프레젠테이션 #러닝로그
수업 활동 아이디어	• Food for the Heart 단원과 연계 • 자신의 Comfort Food에 얽힌 이야기 소개하기 • Comfort Food Recipe 작성하기

미래 교육 협동 수업이 답이다

관련자료	• 본문 읽고 해석하기 영상 https://youtu.be/wgo3qGt9PFw?list=PL7wG_7U7O3IxeBpMXS DwAiAAHsCu2-8La • 본문 주요 구문 설명 영상 https://youtu.be/P3cdYjxRiQY?list=PL7wG_7U7O3IxeBpMXSD wAiAAHsCu2-8La • 구글퀴즈: 본문 확인 문제 https://forms.gle/SPEegrghc6xhKJQt7 • 구글설문: 본문 수업 러닝로그(Comfort Food 소개) https://forms.gle/PZ8MrYVD8tWgH1QU7 • 문법 설명 영상 https://youtu.be/P4ux8EduurQ?list=PL7wG_7U7O3IxeBpMXS DwAiAAHsCu2-8La • 구글퀴즈: 문법 확인 문제 https://forms.gle/9ukVHS6Wzfqm3zsa8 • Food Recipe 관련 영상 https://youtu.be/ZsTXzO-tk8M https://mycake.me/share/6081dc7a https://youtu.be/ZsTXzO-tk8M • 구글설문: 문법 수업 러닝로그(마음에 드는 Recipe 이유 적기) https://forms.gle/gU3FqY7GipEnZQEh9
자료출처	유튜브 및 구글 사이트

수업 진행 과정

먼저 러닝로그를 통해 자신의 Comfort Food에 대해 생각해보고 정리하도록 했다. 러닝로그 작성은 구글 문서의 설문 조사 기능을 이용하여 진행했다. 교과서 2단원이 Comfort Food에 관한 내용이라 학생들에게 자신의 Comfort Food가 무엇인지 물어보고 누가 해 준 음식인지, 왜 그 음식을 좋아하게 되었는지, 그 음식의 특징은 무엇인지, 조리법을 설명할 수 있는지 등을 적게 하였다. 아래의 러닝로그를 통해 학생들의 Comfort Food에 대해 알게 되는 기회가 되었다.

구글 문서에 게시된 러닝로그 설문과 학생들의 답변

러닝로그(4/22)

1,2차시 러닝로그를 여러분들이 성실하게 작성해줘서 선생님이 참 고맙게 생각하고 있습니다. 오늘 러닝로그도 성실하게 작성해 주세요. 러닝로그 내용을 영어로 작성해 보는 것도 영어공부에 큰 도움이 되니 가능한 학생들은 영어로 작성하는 것도 도전해 보세요~

이 양식은 경북대학교사범대학부설중학교 사용자의 이메일 주소를 자동으로 수집합니다. 설정 변경

1. 2단원은 comfort food에 관한 이야기입니다. 여러분의 comfort food(내가 힘들 때나 아플 때 가 *
족 중 누군가가 해주는 음식, 또는 집 떠나면 생각나는 또는 생각날 것 같은 음식)는 무엇인가요? 왜
그 음식을 좋아하게 되었는지 사연도 들려주세요. (그 음식을 함께 먹은 사람, 만들어준 사람, 그 음식
의 특징, 특별한 점, 조리법 등에 대해 자유롭게 적어주세요.) - 영어로 작성가능한 학생들은 영어로
작성해보세요~^^

장문형 텍스트
_____

- I like all the food that my mom makes. Among them, soy sauce braised chicken or drug egg sauce. I put it in soy sauce, chopped onions, and when it tastes good, I put an egg in my rice and mix it with a little bit of sesame oil. It was the first time I tasted it during this Corona. It was so delicious. I remember it the most.

- My comfort food is mugwort rice cake. When I was in elementary school my grand mother bought me mugwort rice cakes every spring. these days I don't go to my grandmother's house often....I will visit my grandmother's house soon!

미래 교육 협동 수업이 답이다

- My comfort food is my mom's kimchi fried rice. I like it the most among my mom's dishes. It's not to spicy but it's really delicious. Mostly, I eat kimchi fried rice with my whole family and I like to eat meals with my family. It makes me feel happy. Also, when my mom cooks, I sometimes help her. Then I feel good because I feel like my mom and I are getting closer than before. For these reasons, my favorite comfort food is kimchi fried rice which has made by my mom.

- 저는 제가 아플 때 엄마가 해 주셨던 전복죽이 가장 생각납니다. 엄마가 손수 전복을 손질해서 만들어 주셨는데 그때의 맛을 잊을 수 없기 때문이에요. 그 전복죽의 특별한 점은 엄마의 정성이 담겨 있다는 것이지요.

- 엄마가 해 준 고등어 무조림이 가장 좋아하는 음식이다. 아픈 것이 다 나았을 때나 몸이 지치고 힘들 때 무와 고등어를 같이 얹어서 먹으면 그때만큼은 모든 것이 행복하다. 어릴 때부터 할머니가 해 주셔서 자연스럽게 먹게 되었는데 계속 먹다 보니 내가 가장 좋아하는 음식이 되었다. 이 글을 쓰는 지금도 먹고 싶어진다.

다음으로 구글 클래스룸을 통해 과제를 안내하고 클래스카드 링크에 접속해 음식 관련 어휘를 익히도록 하였다. 두 세트를 게시하였고 암기학습과 리콜학습, 스펠학습, 테스트까지 완료하도록 독려하였으며 테스트 결과를 캡처하여 과제로 제출하도록 했다. 학습을 게을리하지 않도록 미리 테스트 점수를 80점 이상으로 제한하여 공지했다.

마지막으로 구글 클래스룸에 과제를 게시했다. 클래스카드를 통해 학습한 어휘를 참고하여 학생 각자가 구글 슬라이드에 자신의 Comfort Food Recipe를 적고 친구가 작성한 글에 댓글을 다는 것이었다. 최소 여섯 문장을 사용해야 하며, 노트에 레시피를 작성한 후

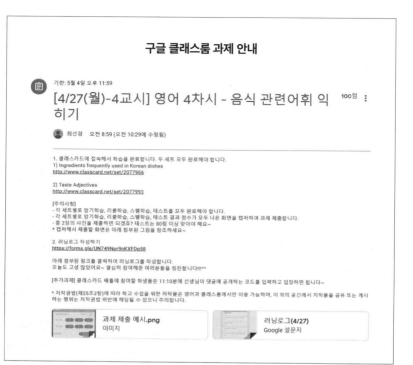

구글 클래스룸 과제 안내

기한: 5월 4일 오후 11:59

[4/27(월)-4교시] 영어 4차시 - 음식 관련어휘 익   100점   ⋮
히기

최선경   오전 8:59 (오전 10:29에 수정됨)

1. 클래스카드에 접속해서 학습을 완료합니다. 두 세트 모두 완료해야 합니다.
1) Ingredients frequently used in Korean dishes
http://www.classcard.net/set/2077966

2) Taste Adjectives
http://www.classcard.net/set/2077993

[주의사항]
- 각 세트별로 암기학습, 리콜학습, 스펠학습, 테스트를 모두 완료해야 합니다.
- 각 세트별로 암기학습, 리콜학습, 스펠학습, 테스트 결과 점수가 모두 나온 화면을 캡쳐하여 과제 제출합니다.
- 총 2장의 사진을 제출하면 되겠죠? 테스트는 80점 이상 맞아야 해요~
* 캡쳐해서 제출할 화면은 아래 첨부된 그림을 참조하세요~

2. 러닝로그 작성하기
https://forms.gle/UN749Nor9nKXFDp58

아래 첨부된 링크를 클릭하여 러닝로그를 작성합니다.
오늘도 고생 많았어요~ 열심히 참여해준 여러분들을 칭찬합니다!!!^^

[추가과제] 클래스카드 배틀에 참여할 학생들은 11:10분에 선생님이 댓글에 공개하는 코드를 입력하고 입장하면 됩니다~

* 저작권법(제25조2항)에 따라 학교 수업을 위한 저작물은 영어과 클래스룸에서만 이용 가능하며, 이 외의 공간에서 저작물을 공유 또는 게시하는 행위는 저작권법 위반에 해당될 수 있으니 주의합니다.

과제 제출 예시.png
이미지

러닝로그(4/27)
Google 설문지

사진으로 찍어 제출하도록 했다. 또 최소 2명 이상의 슬라이드에 댓글을 달도록 했다.

원활한 과제 진행을 위해 교사가 미리 작성한 예시를 보여주고, 개인의 슬라이드에 내용을 쓰도록 안내했으며, 과제 전에 진행된 문법 수업과 레시피 작성을 결합하여 러닝로그를 기록하게 하였다. 또한 친구들이 작성한 레시피에 댓글을 다는 방법을 글과 그림으로 설명했다.

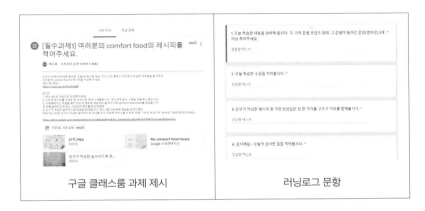

| 구글 클래스룸 과제 제시 | 러닝로그 문항 |

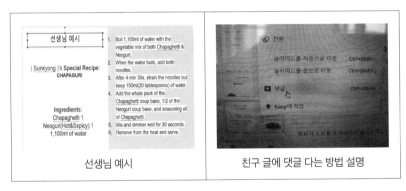

| 선생님 예시 | 친구 글에 댓글 다는 방법 설명 |

학생 작품 예시

학생들은 구글 슬라이드를 통해 친구들이 작성한 레시피 작품을 보며 서로 피드백을 주고받았다. 대부분 학생이 성실하게 과제를 제출해 주었고, 즐겁게 활동에 참여했다. 교사는 실시간으로 학생들이 작성하는 레시피와 댓글을 확인할 수 있다.

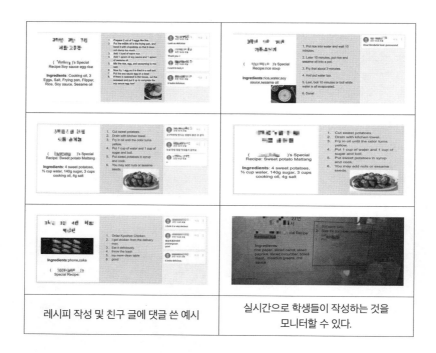

레시피 작성 및 친구 글에 댓글 쓴 예시	실시간으로 학생들이 작성하는 것을 모니터할 수 있다.

　　학생들이 작성한 러닝로그에는 친구가 작성한 레시피 중 가장 인상 깊은 것 한 가지를 고르고 그 이유를 쓰라는 질문이 있었다. 다음은 이에 응답한 학생들의 답변 예시다.

- 나는 ○○이의 떡볶이와 희민이의 토스트가 인상 깊었다. 그 이유는 오늘 저녁에 떡볶이를 먹을 것이고 오늘 아침으로 토스트를 먹었기 때문이다.

- 치킨입니다, 왜냐하면 치킨 레시피를 적은 학생들이 매우 많고 매우 많은 사람들이 좋아하는 음식 중 하나이기 때문입니다.

- ○○친구의 라이스 수프. 이유는 들어보지도 못한 생소한 음식이었기 때문입니다.

- Egg Roll. 사진은 여러 번 보았지만 실제로 먹어보진 못했는데 친구의 레시피를 보니 생각보다 간단하고 만들기 쉬워 보여서입니다.

- 떡볶이다. 왜냐하면 내가 가장 좋아하는 음식 중 하나가 떡볶이인데 다른 친구가 만드는 방법으로 만들면 어떤 맛일지 궁금했기 때문이다.

- Green Tea Macaron. 다른 친구들은 거의 다 음식으로 정하여 레시피를 작성하였는데 이 친구는 디저트 레시피를 작성해서 인상적이었다. 그리고 Coque(꼬끄)와 Filling(필링) 만드는 법을 따로 작성하여 보기 편했고, 이쁘게 잘 꾸며 작성했다.

- ○○의 김치볶음밥이 가장 인상 깊었다. 왜냐하면, 나와 같은 음식에 대해 레시피를 적었음에도 나와 다른 재료를 사용해 다른 방법으로 김치볶음밥을 만드는 것을 보고 굉장히 인상 깊었고 저렇게도 만들어 먹을 수 있구나라고 생각하게 되었다.

- 마카롱. 왜냐하면 나도 집에서 도전해 봤지만, 매번 실패를 했는데 레시피도 알고 있고, 자주 해 먹는 게 신기하고 나도 다음에 다시 도전해봐야겠다고 생각했다.

- ○○의 마약 토스트가 제일 기억에 남는다. 이름이 마약 토스트라서 인상적이었다. 또 토스트는 항상 토스트빵에 잼만 발라서 먹었는데 나중에 시간이 된다면 이 레시피로 토스트를 만들어 먹어보고 싶기 때문이다.

교사의 소감

교사의 끝없는 고민과 도전은 학생들의 학습 성과는 물론, 흥미까지 끌어올리는 온라인 협동 수업으로 발전될 수 있음을 보여주는 사례였다. 해당 수업을 진행한 최선경 선생님의 소감이다.

"학생들이 수업 설계대로 따라와 줄 것인가에 대한 걱정과 불안감이 있었습니다. 하지만 잘 따라와 주었고, 친구들의 레시피에 남긴 댓글들을 통해 얼마나 집중하여 서로의 작품을 감상했는지 알 수 있었습니다.

온라인 수업이 길어지고 대면 수업이 적어지면서 친구와 소통할 기회를 잃은 아이들이 온라인으로나마 활발하게 소통하는 모습이 기특했습니다. 다음에도 새로운 주제를 선정하여 비슷한 방식의 수업을 한 번 더 진행하는 것이 어떨까 생각해 봅니다."

미래 교육 협동 수업이 답이다

잼보드를 활용한 세계시민교육

　다문화 교육 주간과 세계시민의 날을 연계하여 Good Citizen(성숙한 시민)에 대해 고민해 보는 수업이 이루어졌다. 팬데믹 이후 국가별 방역 지침에 따라 시민들의 반응이 화제였다. 수준 높은 시민의식이 돋보이는 나라가 있는가 하면, 철저한 방역 지침에도 불구하고 시민의식이 현저히 결여된 모습으로 세계를 놀라게 만든 시민들도 있었다.

　COVID-19 로 인해 격리 병상을 운영하는 동안에도 위험을 감수하면서까지 병원을 지키는 의사와 간호사들, 자원봉사자들을 통해 Good Citizen의 모습을 볼 수 있었다. 학생들은 이런 모습을 보고 어떤 생각을 했을까? 과연 좋은 시민이란 어떤 시민을 일컫는지 알아보고, 학생들 스스로 Good Citizen이 되겠다는 다짐을 한다면 더없이 좋을 듯하다. 이렇게 좋은 의도로 진행된 대구 서동중학교 최선경 선생님의 영어 수업 사례를 살펴보자.

우선 수업의 주제는 'To be a good citizen'이었다. 구글 클래스룸이 기본 플랫폼이었으며, 잼보드와 패들렛, 유튜브를 활용하였다. 먼저 세계시민에 대한 이해를 돕기 위해 세계문화체험 관련 영상과 Good Citizen에 대한 설명 동영상을 시청하며 수업의 기초를 마련하는 시간을 가졌다.

동영상을 보고 난 후, 잼보드에서 Good Citizen이라고 하면 떠오르는 단어가 무엇인지 학생들의 의견을 모아 보았다. 잼보드의 스티커 메모 기능을 활용하여 화이트보드에 포스트잇을 붙이듯이 학생들이 의견을 추가했다.

다음으로 Good Citizen이 되려면 어떻게 해야 하는지, COVID-19에 대처하는 Good Citizen의 자세는 무엇인지에 대한 학생들의 의견을 같은 방법으로 들어보았다. 그리고 COVID-19 병상을 지키는 의료진들을 응원하는 '덕분에 챌린지'에 동참하는 것으로 수업을 마무리했다. 해당 수업의 개요는 다음과 같이 표로 정리할 수 있다.

주제	To be a good citizen
온라인 플랫폼	구글 클래스룸
관련 키워드	#good citizen #thanks challenge #잼보드 #패들렛 #덕분에 챌린지
수업 활동 아이디어	• 다문화 교육 주간, 세계 시민의 날과 연계 • Marvin Redpost 영어 원서 내용과 연계 • Good Citizen에 대해 생각해 볼 수 있는 계기 마련

관련자료	• 세계문화체험 관련 영상: 대구 세계시민 교육센터 제공 https://www.youtube.com/watch?v=09P-NfhPJBI • Good Citizen 설명 영상 https://www.youtube.com/watch?v=3bwfo9aD5A8 • Good Citizen 10가지 예시 http://www.sanchezclass.com/goodcitizen.htm • 학생들 의견이 모아진 링크 https://jamboard.google.com/d/1i6fUw2wwKeTvPOERzgElUK 0RG7qaPo4y5l894YxBJhs/viewer • 덕분에 챌린지 설명 기사 http://www.mdon.co.kr/news/article.html?no=26930 • 덕분에 챌린지 설명 영상 https://www.youtube.com/watch?v=M_e8oo3j7E4 • 덕분에 챌린지 참여 링크 https://padlet.com/sunkyongchoi46/f441pvqwl89u63fe
자료출처	유튜브 및 구글사이트

해당 수업은 주로 온라인 수업으로 진행되었고, 수업에 대한 전체적인 평가는 오프라인 수업에서 진행하였다.

온라인 수업	오프라인 수업
• 구글 클래스룸에 활동 과제 제시 • 잼보드에 Good Citizen에 대한 의견 남기기 • 패들렛에 '덕분에 챌린지' 참여하기	• 작품 제출 여부, 댓글 참여 여부를 과정 중심평가의 한 항목으로 반영 가능 • 말하기 평가에 Good Citizen에 대한 문항 포함

수업의 도입부에는 세계시민으로서 다문화 사회에 필요한 자세에 대한 격언들을 찾아 정리해 보는 시간을 가졌다. 그리고 세계문화체험 관련 동영상을 시청하며 의견을 나누었다.

첫 번째 활동은 Good Citizen 하면 떠오르는 단어를 생각해 보는 것이었다. Good Citizen 하면 떠오르는 것에 대해 학생들은 '매너 있는 사람, 타인의 입장을 이해해 주는 사람, 어딜 가든 마스크를 필수로 착용한다, 길거리를 청소하는 시민, 친절한 시민(Kind human), 신사(Gentlemen), 다른 사람들 돕기(Helps others)' 등 다양한 의견을 게시했다. 다음은 학생들이 잼보드에 게시한 내용들이다.

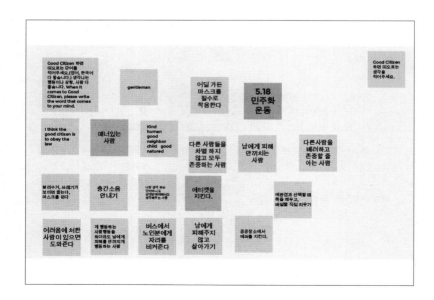

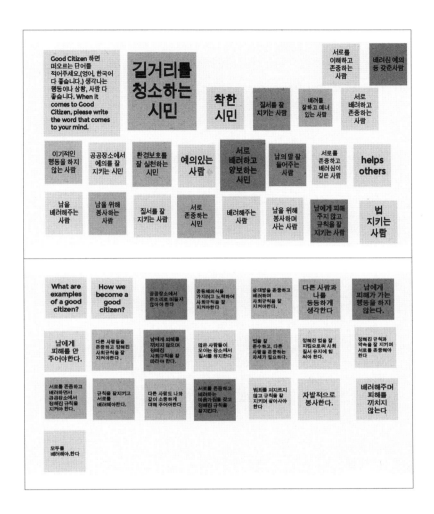

다음으로 이어진 활동은 Good Citizen이 되려면 우리는 어떻게 해야 하는지에 대한 의견을 적는 것으로 역시 잼보드를 활용했다. 의견을 게시하기 전에 Good Citizen에 대한 올바른 이해가 선행되어야 한다고 판단하여 관련 영상과 글을 소개하였다.

또한, 주제와 관련하여 학생들과 『Marvin Redpost』라는 영어 원서를 읽고 있었는데 그 책에 Good Citizen이 되는 방법이 나와 이를 짚어보는 시간을 가졌다. 다음이 그 내용이다.

- Help people who need help
- Don't fight
- Clean up after yourself
- Recycle
- Try to be clean and healthy
- Let others have a chance
- Listen to your teacher and parents
- Don't make fun of people
- Put out fires
- Don't cheat
- Don't lie
- Smile

다음 활동은 팬데믹을 맞은 현 상황과 맞물려 COVID-19를 대하는 Good Citizen의 자세에 대해 고민해 보고 각자 의견을 내도록 했다. 역시 잼보드의 스티커 노트 기능을 이용하였다. 마스크 착용에 관한 이야기와 손을 자주 씻어야 한다는 내용, 사회적 거리두기를 잘 해야 한다는 내용이 주를 이루었다.

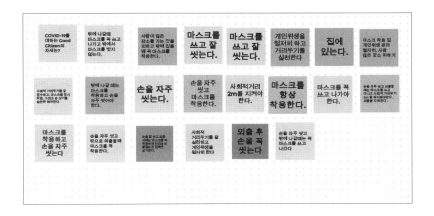

이어서 메인 과제에 돌입했다. 짤막한 메모가 아니라 과연 Good Citizen이 되기 위해 우리가 실천할 수 있는 일들은 무엇인지 깊이 고민해 보고 실제로 실천할 수 있는 10가지 일을 노트에 적고 이를 사진으로 찍어서 과제로 제출하도록 했다. 혹시 어려워하는 친구들이 있을까 하여 교사가 제시한 영상이나 기사에 나오는 표현, 함께 읽은 원서에 나오는 표현을 활용해도 좋다는 단서를 달았다. 다음은 학생들이 제출한 과제들이다.

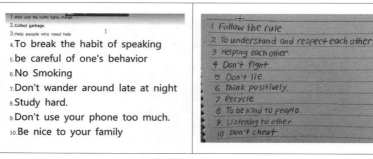

1. Wait until the traffic lights change.
2. Collect garbage.
3. Help people who need help
4. To break the habit of speaking
5. be careful of one's behavior
6. No Smoking
7. Don't wander around late at night
8. Study hard.
9. Don't use your phone too much.
10. Be nice to your family

1. Follow the rule
2. To understand and respect each other.
3. Helping each other.
4. Don't fight.
5. Don't lie.
6. Think positively.
7. Recycle.
8. To be kind to people.
9. Listening to other.
10. Don't cheat.

학생들이 제출한 과제 예시

마지막으로 Good Citizen인 방역 의료진에게 Good Citizen이 되고자 하는 학생들이 직접 응원의 메세지를 보내는 '덕분에 챌린지' 릴레이에 동참하기로 했다. 학생마다 덕분에 챌린지 참여 사진을 찍은 후 패들렛에 게시했다. 사진을 찍어 올린 학생도 있었고, 정성스럽게 그림으로 표현한 학생도 있었다. 다음은 덕분에 챌린지에 동참한 학생들의 과제 예시이다.

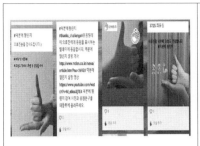

덕분에 챌린지 참가 예시

학생들은 다양한 소감을 남기며 해당 수업이 얼마나 의미 있는 수업이었는지를 보여주었고 대체로 긍정적인 반응이었다.

- 실시간 수업으로 의료진들께 감사하고 좋은 시민이 되는데 실천할 수 있는 것들에 대해 생각해 볼 수 있었다.
- Good Citizen이 되기 위한 자세와 방법에 대해 알게 되어 나도 Good Citizen이 되기 위해 노력해야겠다고 생각했다.
- 이번 실시간 수업을 통해 좋은 시민이 되기 위해선 어떻게 해야 하는지 배울 수 있었고, COVID-19 로 인해 수고하시는 의료진 분들께 감사한 마음을 가질 수 있었다.
- 덕분에 챌린지라는 것이 있는 줄 몰랐는데 이번 기회에 알게 된 것도 좋았고 직접 해보기도 해서 뿌듯했다.

- 이번 주 실시간 수업 이후 과제로 제출하였던 덕분에 챌린지가 많은 사람에게 도움이 되었으면 좋겠다고 생각하였고 좋은 시민이 되기 위해 적었던 10가지를 나부터 먼저 실천해야겠다는 생각을 하였다.

- 어제 실시간 수업을 하며 Good Citizen에 대해 여러 가지 생각을 해보며 활동을 해서 좋았고, 잼보드를 통해 친구들의 생각도 함께 볼 수 있어 좋았다. 패들렛을 통해 의료진에게 응원을 표시하는덕분에 챌린지에 참여할 수 있어서 뜻깊은 시간이었다.

- It was good to do activities while having a real-time class yesterday, thinking about Good Citizen, and seeing the thoughts of friends through jam board. And it was a meaningful time for me to participate in the challenge thanks to the relay that shows support to the medical staff through the Padlets.

- 이번 주 실시간 수업은 의료진분들에 대한 감사한 마음을 표현할 수 있어서 좋은 기회였고, 시민으로서의 자세도 되새길 수 있어서 좋은 시간이었습니다.

- 이번 주 실시간 때는 글로벌 교육 기간이라 그것을 중심으로 수업을 하였다. 다른 수업보다 훨씬 간단하면서도 '착한 시민'에 대해 생각해 보고 나를 성찰할 수 있었다.

- 이번 주 실시간 수업에서는 Good Citizens에 대해 배웠는데 내 생각을 친구들과 공유하는 수업을 하니 재미있었다.

미래 교육 협동 수업이 답이다

교사의 소감

구글 클래스룸과 잼보드, 패들렛 등 다양한 온라인 수업 도구를 활용한 수업이 돋보였다. 주제를 이해하게 하는 방식과 학생들이 흥미를 가질 수 있는 영상을 사용했다는 점이 눈에 띈다. 만약 이 부분을 교사의 설명으로 대체했다면 흥미도가 떨어지지 않았을까 싶다. 스스로 영상을 찾아보고 이를 바탕으로 과제를 수행해야 했기에 학생들은 적극성을 가지고 수업에 임할 수 있었을 것이다. 해당 수업을 진행한 최선경 선생님의 소감이다.

> "학생들은 어른들의 생각보다 훨씬 도덕적이고 바른 생각을 하고 있다는 사실을 깨달았다. 또한, 다양한 온라인 수업 도구를 사용하는 데 있어 전혀 거리낌이 없었고, 오히려 재미있어 했다. 주제를 풀어나가는 과정에서 현 상황이 자연스럽게 이어졌는데 학생들 역시 많은 불편함과 불안감을 감수해야 하는 입장에서도 수고하는 이들을 배려하고 응원하는 모습에 교사로서 뭉클하고 뿌듯함을 느낄 수 있었다."

Teaching Tip 5

온라인 학급 관리

    교실 수업과 다르게 온라인 수업에서는 학생들이 활동에 어느 정도 참여하고 있는지 교사가 직접 관찰할 수 없다. 대면 수업의 경우 교실을 돌아다니며 과제 진행 여부를 관찰하고 도움이 필요한 모둠이나 학생에게 적절한 지원을 할 수 있지만 온라인에서는 물리적 지원이 어렵다.

    하지만 온라인 수업의 특성을 살려 다른 방법으로 지원할 수 있다. 이렇게 학생들을 학습 활동에 참여하게 하고 학습 목표에 도달할 수 있도록 하는 다양한 교수 전략과 기법을 학급 관리라고 한다. 온라인이든 오프라인이든 상관없이 수업 활동과 관련된 학급 관리는 다음의 영역을 공통으로 포함한다.[40]

- 수업 시작하기
- 모둠 분류(개인, 짝, 모둠, 학급 전체)하기
- 활동 준비하기
- 각자 역할 결정하기
- 모아서 집중시키기
- 지시하기
- 적절한 규율 유지하기
- 예상치 못한 문제 다루기
- 활동 감독하기

---

40) "Classroom Management in an Online Environment," Teachub.com, last modified May 11, 2020, accessed Aug 1, 2021,https://www.teachub.com/classroom-management/2020/05/classroom-management-in-an-online-environment/ 참조

- 활동 시간재기
- 활동 완료하기
- 수업 완료하기

　성공적인 온라인 학습 관리의 핵심은 학생들의 수업 참여와 과제 수행이다. 이를 위해 선행되어야 할 부분이 동기 부여일 것이다. 학생들이 특정 교과를 왜 공부해야 하는지에 대해 이해하는 과정은 온라인에서 독립적 학습이 가능하게 하는 가장 중요한 요소이다.

　온라인 수업이므로 피할 수 없는 기술적인 문제도 있다. 온라인 수업 플랫폼 사용 방법을 잘 숙지하지 못해 실시간 수업에 어려움을 겪거나 인터넷 연결이 원활하지 못해 접속이 어려운 경우가 이 영역에 포함된다. 수업 플랫폼 사용 방법은 사전에 충분한 교육과 예행연습이 이루어져야 하겠고 사용 방법에 대한 동영상이나 책자를 제작하여 공유해도 좋다.

　학생들의 낮은 참여도가 걱정이라면 개별 학생의 관심사나 강점과 약점 등에 대해 설문 조사나 또래 상담을 통해 알아볼 수 있다. 이 정보를 활용해 학생 맞춤형 온라인 학습 관리 계획을 수립하여 조그만 것부터 실천해 나가보자. 분명 매력적인 온라인 학습 경험을 제공할 수 있을 것이다.

　온라인 수업에서 학생 커뮤니티의 역할은 대면 수업에서보다 훨씬 중요하다. 온라인 학습에서는 소외감을 느끼는 학생들이 많기 때문이다. 다양한 온라인 커뮤니티를 통해 학생들이 협업하고 사회화할 기회를 제공할 수 있도록 도와야 한다. 온라인 수업의 모둠별 수업이 좋은 성과를 내는 이유이기도 하다.

　일정한 수업 루틴은 어떤 학습 환경에서도 중요하다. 특히 온라인 수업에서 루틴을 단순화해야 학생들의 학습 결손을 막을 수 있다. 예를 들어 과제를 제출하고 피드백을 받는 방법은 학기 전반에 걸쳐 일관되게 유지하는 것이 좋다. 교사와 이메일을 주고받고 상담이 가능한 시간과 과제의 분량 역시 동일한 것이 좋으며 교사-학생 간의 대화를 통해 규칙을 정하면 원격 수업 중 무너지기 쉬운 일상까지 잡아 줄 수 있다.

　온라인 수업 시 온라인 소스에서 그대로 베껴온 과제와 시험 중 부정행위가 큰 문제이다. 학생들이 접근할 수 있는 자료는 무한대이며 과제를 스스로 하지 않고 복사하여 제출하고자 하는 유혹도 상당하다. 이를 위해 교사는 '표절 교육'을 실시하여 표절의 문제점에 대해 함께 토론하고 치명적인 결과도 알아보는 시간이 필요하다.

　　온라인 시험의 부정행위도 마찬가지이다. 교사가 여러 가지 장치를 이용해 부정행위를 막는다고 해도 물리적인 한계가 존재한다. 이 부분에 대해서도 시험의 궁극적인 목적과 함께 토의되어야 하며 부정행위의 결과는 학생 본인의 중대한 책임임을 확실히 해야 할 것이다.

　　마지막으로 온라인 수업 시 학생-교사 사이의 온라인 의사소통 예절은 수업의 분위기를 좌우할 만큼 아주 중요한다. 예를 들어 발표할 때는 비디오를 켠다든지 교사 또는 다른 발표자가 이야기할 때는 음소거 상태 유지, 대화창은 수업과 관련된 내용만 주고받기 등 지켜야 할 규범과 예절을 함께 정리하고 공유한다면 훨씬 더 질서 있는 온라인 수업을 진행할 수 있을 것이다.

References

[해외 학술 자료]

1. Alber, R. (2021, January 24). 6 Scaffolding strategies to use with your students. Edutopia. Retrieved from https://www.edutopia.org/blog/scaffolding-lessons-six-strategies-rebecca-alber

2. Chametzky, B. (2017). Offsetting the affective filter. Grounded Theory Review: An International Journal, 16(1). Retrieved from http://groundedtheoryreview.com/2017/06/21/offsetting-the-affective-filter/

3. Donato, R. (1994). Collective scaffolding in second language learning. In G. A. James P. Lantolf, Vygotskian Approaches to Second Language Research (pp. 33-42). Greenwood, CT: Greenwood Publishing Group.

4. Escobar Urmeneta, C. (2013). Learning to become a CLIL teacher: teaching, reflection and professional development. International Journal of Bilingual Education and Bilingualism, 16(3), 334-353.

5. Fields, D. L. (2017, March). 101 scaffolding techniques for language teaching and learning. Edicionesmagina. Retrieved from https://edicionesmagina.com/appl/botiga/client/img/71007.pdf

6. Hassin, E. (2006). Student-instructor communication: The role of email. Computers & Education 47, 29-40.

7. Lange, V. L. (2011). Instructional Scaffolding. World Learning SIT Graduate Institute. Retrieved from http://condor.admin.ccny.cuny.edu/~group4/

8. Maftoon, P., & Sabah, S. (2012). A critical look at the status of affect in second language acquisition research: Lessons from Vygotsky's legacy. Broad Research in Artificial Intelligence and Neuroscience, 3(2). Retrieved from http://brain.edusoft.ro/index.php/brain/article/view/361/405

9. Murphy, J. M. (1991). An etiquette for the non-supervisory observation of L2 classrooms. Paper presented at the 1st International Conference on Teacher Education, City Polytechnic of Hong Kong.

10. Scrivener, J. (2011) Learning teaching: the essential guide to English language teaching (3rd ed.). Oxford, England: Macmillan Education.

11. Think alouds. (n.d.). AdLit.org. Retrieved from http://www.adlit.org/strategies/22735/

12. Thornbury, S., & Watkins, P. (2007). The CELTA course: Certificate in English Language Teaching to Adults trainee book. Cambridge, England: Cambridge University Press.

13. Trilling, B., & Fadel, C. (2009). 21st century skills: Learning for life in our times. San Francisco, CA: John Wiley & Sons.

14. Williams, V. (2015, May). 7 ways to scaffold instruction for English language learners. NWEA. Retrieved from https://www.nwea.org/blog/2015/7-ways-to-scaffold-instruction-for-english-language-learners

15. World Learning (2018). Positive learning environments. In "Content-based Instruction" Online Course

[국내 도서]

1. 로베르타 콜린코프 & 캐시 허시-파섹(2018). 최고의 교육. 예문아카이브.
2. 안희경&제러미 리프킨(2020). 오늘부터의 세계. 메디치 미디어.
3. 최선경(2018). 네덜란드 스티브잡스 스쿨 방문기. 쿨북스.
4. 한국교육심리학회(2000). 교육심리학용어사전. 학지사.
5. EBS 다큐프라임 미래학교 제작진(2019). 미래학교. 그린하우스.

[인터넷 사이트]

1. Champlain College, Center for Learning & Teaching (2020.9.21). Zoom Chat-what you can do with it and how. https://clt.champlain.edu/2020/09/21/zoom-chat-what-you-can-do-with-it-and-how/
2. Common Sense Education. https://www.commonsense.org/education/website/flipgrid
3. Common Sense Education. https://www.commonsense.org/education/website/quizlet
4. Edwards, L. (2020.9.9). What is Kahoot! and How Does it Work for Teachers? https://www.techlearning.com/how-to/what-is-kahoot-and-how-does-it-work-for-teachers
5. Gordon, W. (2020.5.11). Classroom Management in an Online Environment. Teachub.com
6. Magno, C. (2009). Developing and Assessing Self-Regulated Learning. https://papers.ssrn.com/sol3/papers.cfm?abstract_id=1426045
7. Nieves, K. (2020.1.27). 9 New Ways to Use Flipgrid in the Classroom. Edutopia. https://www.edutopia.org/article/9-new-ways-use-flipgrid-classroom
8. Renard, L. (2017). 30 creative ways to use Padlet for teachers and students. www.bookwidgets.com
9. Reseigh, K & Valenzuela, J. (2020). 4 Tips for Remote PBL with the Making Space for Change Project. PBL Works. https://www.pblworks.org/blog/4-tips-remote-pbl-making-space-change-project
10. 연세대학교 LearnUs 공식 웹 페이지
11. 목원대학교 교수학습센터 공식 웹페이지
12. Flipgrid 공식 웹페이지
13. Jamboard 공식 웹페이지
14. Kahoot 공식 웹페이지
15. Mentimeter 공식 웹페이지
16. Nearpod 공식 웹페이지
17. Padlet 공식 웹페이지

[기타자료]

1. 교육부(2020). 경제협력개발기구(OECD), 국제학업성취도 평가 연구(PISA) 2018 글로벌 역량 결과 발표.
2. 교육부 블로그(2021.2.10). 상상하는 학교가 현실로.
3. 구은정(2017). 싱가포르의 창의교육, '교사는 교육의 심장' (Empowering Teacher, Sparking Creativity in Education). 크레존.
4. 김현정(2019). 유럽교육의 신흥강국 에스토니아를 만나다. 서울교육.
5. 계보경(2016). 세계의 미래학교 정책과 변화. 서울교육.
6. 매일경제(2020.8.13). AI 시대에 이런 직업은 안된다? 사라질 일자리 VS 떠오르는 일자리.
7. 박영선(2020.12.16). 디지털로 변화하는 인도의 교육산업. KOTRA&KOTRA 해외시장 뉴스.
8. 4차 산업혁명위원회(2018). 4차 산업혁명시대에 적합한 미래교육 프레임워크와 미래학교 연구.
9. 윤석진(2020.9.28). 인터넷 강국의 초췌한 온라인 교육. 미래교육.
10. 이시도 나나코(2016). 미래교실-상상력과 창조력이 깨어나는 내일의 배움터. 청어람미디어.
11. 성민호(2020.11.27). 코로나19 교육 디지털화 한-미-중, 그리고 에스토니아. 시사경제신문 http://www.sisanews.kr
12. 심은정(2020.11.23). Kotra 해외시장 뉴스. 코로나 19로 급부상 중인 유럽의 에듀테크.
13. 이찬승(2021). 내 자녀·학생 자기주도(조절)학습 능력 키우기 A to Z(상). https://21erick.org/column/6287/
14. 장혜경(2013.10.10). 아이패드로 수업하는 초등학생, 그게 다는 아니다: 네덜란드'스티브 잡스 학교' 방문기. 오마이 뉴스 해외리포트.
15. 정미경·황준성·이선호·허은정·최수진·김성기·박상완·안성훈(2017). 교육개혁 전망과 과제(II): 초·중등교육영역. 한국교육개발원.
16. 정상호(2016.11.11). '명견만리' 4차 산업혁명이 원하는 인재는? 뉴스핌.
    주우루과이 대한민국 대사관 (2019). 우루과이 이야기.
17. 최상덕(2018). 외국의 프로젝트 기반학습을 통한 핵심 역량 교육 사례. 행복한 교육 2월호.
18. 한국교육개발원(2019). OECD 교육 2030 참여 연구: 미래지향적 역량 교육의 실행 전략 탐색.
19. 한국교직원공제회(2018.4.16). 세계의 다양한 교육이야기: IT와 창업의 나라, 에스토니아의 교육법.
20. 한정희(2020.9.29). 인도의 새로운 국가교육정책(National Education Policy)과 그 영향.
21. EBS 세계의 교육현장(2010.8.12). Global Education Issue, 교사들이 만든 학교 스웨덴의 미래학교 푸트룸 스콜라.
22. EBS1TV 미래교육 플러스(2019). 미래 역량을 키우는 수업 2부: 문제, 풀지 말고 해결하라.
23. SBS 스페셜(2020). 당신의 아이는 혼자 공부할 수 있습니까.
24. tvN 월간기획(2020). 미래수업.
25. YTN 뉴스(2013.9.14). '학생이 행복한 교육' 스티브잡스 학교.